DIE TOLLE KISTE

Die tolle Kiste

Geschichten, Plaudereien, Betrachtungen
rund ums kleine Auto
Herausgegeben von Ekkehart Rudolph

CIP-Kurztitelaufnahme der Deutschen Bibliothek:

Die tolle Kiste: Geschichten, Plaudereien, Betrachtungen rund ums kleine Auto / hrsg. von Ekkehart Rudolph. – Stuttgart; Wien: Ed. Weitbrecht, 1991
ISBN 3 522 70460 6

© 1991 Edition Weitbrecht in K. Thienemanns Verlag, Stuttgart und Wien.

Der Verlag dankt der FIAT Automobil AG in Heilbronn für die freundliche Unterstützung.
Ein besonderer Dank gilt der Werbeagentur Michael Conrad & Leo Burnett in Frankfurt für die gute Zusammenarbeit von der Entwicklung des Konzeptes bis hin zur Realisation des Buches.

Idee & Konzeption: Peter Prange und Roman Hocke.
Die Umschlaggestaltung besorgte Reichert Buchgestaltung in Stuttgart.
Gesetzt von Steffen Hahn in Kornwestheim.
Reproduktionen von Lächler Repro GmbH in Heilbronn.
Gedruckt und gebunden von Aumüller in Regensburg.
Alle Rechte vorbehalten. Printed in Germany.
5 4 3 2 1

I N H A L T

7 Ekkehart Rudolph,
  Eine nicht ganz unernste Vorrede

SCHEINWERFER
11 Alexander U. Martens,
   Wieviel Auto braucht der Mensch?

BLINKLICHTER
35 Dieter Zimmer, 200.000.000 Pandas
44 Michael Ende, Zugegeben etwas klein
65 Fred Breinersdorfer, Sisyphos sieben
81 Doris Runge, im rückspiegel
82 Gabriele Wohmann, Das Naturtalent
95 Peter Prange, Beulen und Küsse
114 Ulla Hahn, Nach dem Abitur
121 Max von der Grün, Der Luxus und der Kleine
128 Herbert Rosendorfer, Das Anti-Newton-Institut
145 Doris Runge, nicht angekommen
147 Gert Loschütz, Unterwegs
157 -ky, Der Lüttjepütt
166 Asta Scheib, Frühstück im Franziskaner
176 Uwe Friesel, Der Blitz von San Timo
189 Ekkehart Rudolph, Das Prachtstück
207 Renate Schostack, Lake Beryessa
220 Gabriel Laub, Römische Räuber
227 Ephraim Kishon, Ein verkehrter Verkehrsunfall

RÜCKSTRAHLER
238 Fritz B. Busch, In der Kiste sitzt 'ne Maus...
251 Klaus Erich Küster, Die tolle Anzeigen-Kiste
262 Matthias Kersten, Panda beißt Bahn
268 Peter Prange, Die Werbekampagne, die
    dem Panda Beine machte
275 Peter Prange, Avanti! Avanti!

283 **DIE AUTOREN**
288 **QUELLENVERZEICHNIS**

EINE NICHT GANZ UNERNSTE VORREDE

EKKEHART RUDOLPH

Wird ein Autotyp zehn Jahre alt, so ist das eigentlich kein Grund zum Feiern. Wenn man schon feiert, dann doch was Neues, warum denn das Alte, und zudem: warum ein Auto? Das ist nun wirklich eines der heikelsten Zivilisationsprodukte. Nicht nur, daß es die Straßen hoffnungslos verstopft, das Klima aufheizt und die Bäume tötet, nein, nun haben wir auch noch erfahren müssen, daß die ersehnten blausonnigen Sommertage keineswegs mehr erholsam sind. Wegen erhöhter Ozonwerte. Wer ist schuld? Sie wissen schon. Und da sollen und wollen wir ein Auto bejubeln, noch dazu den Panda, diese kantige kleine Kiste? Wenn überhaupt, so gibt es doch weiß Gott schönere Benzinkutschen. Warum also den und nicht die?

Gemach, gemach, liebe Leute! Wir bejubeln ja gar nichts. Und um auch dies gleich unmißverständlich zu sagen: Ganz verzichten auf die Automobilität wollen doch die wenigsten, oder? Selbst alternative Schreihälse sieht man ja keineswegs selten in motorisierten Rostlauben umherfahren. Also bitte, wir brauchen Autos. Es fragt sich nur, welche.

Sehen Sie: und nun kommen wir auf den Fiat Panda. Der ist seit zehn Jahren erfolgreich auf dem Markt. Das ist der Anlaß für dieses Buch, aber nicht der einzige. Der Panda war nur – um es mal auf schlecht neudeutsch zu sagen – ein Schritt in die richtige Richtung; denn die Konstrukteure haben ihn unseren sensiblen Klima-, Umwelt- und Verkehrsverhältnissen angepaßt. Das glauben Sie nicht? Dann schauen Sie ihn doch mal an, oder lesen Sie unser Buch.

Allerdings geht es darin ja nicht nur um den Panda. Es geht um Kleinwagen, wie der Panda einer ist, und es geht um eine Neubesinnung darauf, was und wieviel wir für unser Bedürfnis nach Mobilität brauchen. Der Panda hat da – wie gesagt – Maßstäbe gesetzt, übrigens auch durch die Bilder und Texte, mit denen die Hersteller zehn Jahre lang für ihr Produkt geworben haben. Das war und ist so originell und phantasievoll, daß es in den Köpfen der Autofahrer etwas bewirkt haben muß, sofern sich da überhaupt etwas bewirken läßt. Daran knüpfen unsere Geschichten und Betrachtungen an, indem sie die Vorzüge und Eigenheiten des Kleinwagens in heiteren aber auch in bedenklichen Begebenheiten schildern. Keine Werbeleute, sondern richtige Schriftsteller und Schriftstellerinnen sind die Autoren. Die besten, die wir finden konnten. Verlag und Herausgeber wünschen eine unterhaltsame Lektüre.

S C H E I N W E R F E R

WIEVIEL AUTO BRAUCHT DER MENSCH?

ALEXANDER U. MARTENS

Vielleicht war es doch etwas leichtfertig, ja zu sagen, als mich Ekkehart Rudolph, der Herausgeber, fragte, ob ich denn Lust hätte, für dieses Buch einen Essay über Kleinwagen zu schreiben:»Das Thema steht Ihnen frei«, meinte er.»Es muß nur um kleine Autos gehen. Es wäre schön, wenn Sie sich etwas einfallen ließen.« Das sagt sich so leicht. Dabei beginnen die Schwierigkeiten ja schon beim Versuch, den Begriff Kleinwagen zu klären. Meyers Neues Lexikon in acht Bänden läßt einen bei diesem Stichwort ganz im Stich. Hingegen das Große Duden Wörterbuch der Deutschen Sprache lapidar: »Kleinwagen, der: kleiner (Kraft)wagen, kleines Auto (mit kleinem Hubraum).« Das hilft weiter! Plastischer sind da schon die »vier Räder unter einem Regenschirm«, die dem Citroën-Generaldirektor vorschwebten, als er 1935 die Konstruktion der legendären, jüngst klanglos verblichenen ›Ente‹ in Auftrag gab. Und auch unter der Definition des amerikanischen Schauspielers Danny Kaye, ein Kleinwagen sei »ein Korsett auf vier Rädern«, kann man sich immerhin etwas vorstellen. Aber so wäre ein Porsche womöglich ja auch ein Kleinwagen?

Also lassen wir das lieber, vergessen auch, daß zu Zeiten, als die Massenmotorisierung begann (Henry Ford hatte 1921 bereits fünf Millionen seiner berühmten ›Tin Lizzy‹ verkauft), und erst recht, als sie in den fünfziger Jahren, den Wirtschaftswunderjahren dieser Republik, auch hierzulande mit Macht ausbrach, manches als Kleinwagen herumfuhr, was wir heute möglicherweise anders klassifizieren würden. Einigen wir uns besser stillschweigend darauf, daß jeder von uns eben ganz einfach weiß, was ein Kleinwagen ist.

Wie nötig ein solches Einverständnis ist, zeigt sich zum Beispiel bei einem Blick in die jüngere Autovergangenheit, in jene fünfziger Jahre, deren Lebensgefühl wir derzeit allerorten wiederzuentdecken scheinen. Mancher wird sich noch erinnern: Die abenteuerlichsten Gefährte belebten damals unser Straßenbild. Es gab die Kabinenroller von Heinkel und Messerschmitt (Menschen in Aspik), die BMW-Isetta (Das rollende Ei) und das Maico-Mobil, den Kleinschnittger und das Goggomobil, in seiner sportlichen Version auch ›Flüchtlingsporsche‹ genannt; da waren das Fuldamobil und der Champion und der Gutbrod Superior und der ›Leukoplastbomber‹ Lloyd. Der NSU-Prinz, die erfolgreichen Fiat Topolino und Fiat 600 waren dagegen fast schon richtige Autos.

Phantasie und Einfallsreichtum der Autokonstrukteure schienen sich schier zu überschlagen, um das Auto als heißbegehrtes Symbol von Freiheit, Beweglichkeit und recht verstandenem Lebensgenuß auch dem Format der überwiegend noch kleinen Geldbeutel anzupassen.

»In den vierziger und in den fünfziger Jahren», schreibt Walter Zeichner in seinem Buch *Kleinwagen International*, »tauchte auf jeder internationalen Automobilausstellung eine beachtliche Zahl neuer Kleinwagenprojekte auf, von denen dann wenig später nicht viel mehr als die freundlich verteilten Prospekte existierten... Und was wurde nicht alles versucht, um das eher kümmerliche Kleinstauto wenigstens auf dem Papier verführerisch wirken zu lassen! Da lehnten sich reizende junge Damen an häßliche Dreiräder, und mit oft unfreiwillig komischen Versen und blumigen oder flotten Tex-

„Warum, Charles, kann uns ein Auto überholen, das kaum größer ist als unsere Kühlerhaube?"

Fiat Panda. Die tolle Kiste.

3,38 Meter kurz. Aber 140 km/h Spitze. Beim Schlucken ist er nicht so schnell: Verbrauch im ADAC-Test: ganze 5,7 Liter (Super). Vergleichswerte nach DIN 70030-1: 5,8/7,5/8,4 Liter Super bei 90/120 km/h/Stadtverkehr. 1 Rückfahrscheinwerfer, 2 Scheibenwischer (1 vorn, 1 hinten), 3 Türen, 4 Ausstellfenster, 5 Sicherheitsgurte, 6 Jahre Gewährleistung gegen Durchrostungs-Schäden. 7fach verstellbare Rückbank, zum Beispiel: 1. Fünfsitzer, 2. Doppelbett, 3. Kinderwiege, 4. Einkaufswagen. Die Zeiten ändern sich, Herr Graf.

FIAT

ten versuchte man, die kärglichen Tatsachen schön zu umschreiben. Werbegraphiker unterschiedlicher Begabung versuchten zu ›strecken‹ und schnittig und begehrenswert aussehen zu lassen, was dann in natura beinahe Mitleid erregte. Wurden Werbefotos gemacht, so mußten die Statisten möglichst kleinwüchsig sein, um das Mobil geräumiger wirken zu lassen – mancher, der sich nach dem Studium auf einen kleinen Viersitzer freute, konnte später kaum die Kinder auf der winzigen Rücksitzbank unterbringen.«

Ein Blick in diese Autowerbung von damals entbehrt nicht des nostalgischen Reizes – und treibt unseren verwissenschaftlichten Werbestrategen und den verwöhnten Kunden von heute vermutlich Tränen der Rührung in die Augen:

> Weltraumfahrt ist noch nicht möglich,
> Wer darauf wartet, wart' vergeblich.
> Familie nicht mehr warten will,
> Lösung klar: Goggomobil.

oder:

> Ich will Euch auf Händen tragen,
> hört man oft den Vater sagen,
> Mutter war das bald zuviel,
> Lösung klar: Goggomobil.

Doch zumeist wurde unangestrengt nüchtern geworben, in der Zeit des noch knappen Geldes mit Vernunftgründen argumentiert: »Wo aufgebaut wird (...) wo man scharf kalkuliert, um die Selbstkosten zu senken – auch in Industrie und Handel – wo man höheren Gewinn erzielen will, ohne den Aufwand zu steigern – überall dort darf

„Es gab mal eine Zeit, da wollte jeder ein größeres Auto als der Nachbar." Seine Kinder glaubten ihm kein Wort.

Fiat Panda. Die tolle Kiste.

Wieviel Auto braucht der Mensch? Auf jeden Fall ein richtiges: Innenraum für 5, 7fach verstellbare Rückbank, Stoffbezüge, getönte Scheiben, Heckscheibenwischer. Wieviel Sicherheit braucht der Mensch? Jede Menge: Scheibenbremsen vorn, Verbundglas-Frontscheibe, Kunststoffschutzschilde, Flankenschutz, 6 Jahre Gewährleistung gegen Durchrostungs-Schäden. Wieviel Motor braucht der Mensch? Soviel, daß Fahren Spaß macht: 33 kW/45 PS, 140 km/h. Wieviel Geld hat der Mensch? Meist zuwenig. Deshalb nur 5,8/7,5/8,4 Liter Super bei 90/120 km/h/Stadtverkehr (DIN 70030-1). „Schönes Auto haben Sie" „Danke, Herr Nachbar, Sie auch."

„Es gibt Autos", dachte er und drückte das Gaspedal noch 2 mm tiefer, „die scheinen ihren Fahrer mit Haut und Haar zu fressen."

Fiat Panda. Die tolle Kiste.

Fiat Panda 45: 5,8/7,5/8,4 Liter Super bei 90/120 km/h/Stadtverkehr (Vergleichswerte DIN 70030-1). Testdurchschnitt ADAC-Motorwelt 5,7 Liter. Trotz 33 kW (45 PS) und 140 km/h. Grund: 3,38 m kurz, 700 kg leicht (vollgetankt). Verbrauch mäßig, Ausstattung serienmäßig: Verbundglas-Frontscheibe, heizbare Heckscheibe, 4 Ausstellfenster. Schutzschilde, Flankenschutz, 6 Jahre Gewährleistung gegen Durchrostungsschäden. 7fach verstellbare Rückbank, z.B. Fünfsitzer (1), Doppelbett (2), Kinderwiege (3), Einkaufswagen (4). Eine große Klappe hat er auch: hinten.

der Lloyd nicht fehlen. Monatlich 10,- DM Unterhaltskosten bei knapp 5 Liter Verbrauch auf 100 km für den Lloyd als PKW oder Kombiwagen – das heißt sparsam reisen, das heißt billig transportieren. Lloydfahren bedeutet rentabel sein!« Kommen uns solche Argumente inzwischen nicht wieder sehr vertraut vor? Damals allerdings war ein Kleinwagen der mehr oder weniger notwendige Zwischentritt auf der gesellschaftlichen Leiter nach oben, an deren unterstem, sozusagen gerade noch diskutablen Ende wenigstens der Volkswagen zu stehen hatte, den der sogenannte ›Führer‹ ja schon 1934 als Sozialmodell auf dem Weg zu der von ihm gewünschten Massenmotorisierung versprochen hatte: »Solange das Automobil lediglich ein Verkehrsmittel für besonders bevorzugte Kreise bleibt, ist es ein bitteres Gefühl, von vorneherein Millionen braver, fleißiger und tüchtiger Mitmenschen, denen das Leben ohnehin nur begrenzte Möglichkeiten einräumt, von der Benutzung eines Verkehrsmittels ausgeschlossen zu wissen, das ihnen vor allem an Sonn- und Feiertagen zur Quelle eines bisher unbekannten, freudigen Glücks würde.« Erst nach dem Zusammenbruch der Hitler-Herrschaft wurde der Volkswagen tatsächlich zum Wagen des Volkes (1972 überrundete der Volkswagen den bis dahin von Ford mit seinem T-Modell gehaltenen Rekord von 15 Millionen Exemplaren).

Doch je mehr sich der Traum vom Auto für jedermann erfüllte, desto mehr wurde (wieder) wichtig, *was* für einen Wagen man fuhr: wenn schon die eigenen vier Räder zur Selbstverständlichkeit wurden, dann wollte sich die neue Klassengesellschaft wenigstens in der Größe ihrer Autos verwirklichen und zur Schau stellen. Der Kleinwagen war *out* für die, die es sich und vor allem den anderen zeigen wollten, wer man war und wie weit man es doch gebracht habe. Und manch einer fuhr (fuhr?) da über seine Verhältnisse. Hier endlich müssen auch die Frauen ins Spiel gebracht werden. Denn es ist ja nicht so, daß sich ihre Rolle in der Geschichte der Motorisierung nur darauf beschränkte, Modelle für Kühlerfiguren abzugeben. Was 1902 sich noch mit dem Schlagertitel »Schorschl, ach kauf mir doch ein Automobil« begnügte, wurde 1926 in der Zeitschrift *Elegante Welt* mit der Frage »Welchen Wagen fahren Sie?« schon zum Gesprächsstoff der sogenannten besseren Kreise. Und 1928 bereits lesen wir in der *Allgemeinen Automobil-Zeitung* von den Wünschen der Dame an ihren Automobilfabrikanten: »Je nach ihrer persönlichen Einstellung, je nachdem, ob sie am Steuer oder im Fond sitzt, sind die Ansprüche verschieden. (...) Beiden gemeinsam ist wohl der Wunsch nach vorzüglicher Federung, nach einer angenehmen Geräumigkeit und nach einem guten Einstieg bei der Serienkarosserie. (...) Ebensosehr, wie sie darauf bedacht ist, die Tapete ihres persönlichen Gemaches in einer Farbe zu wählen, die Reiz und Eigenart ihres Teints vorteilhaft zur Geltung bringt, ebensosehr wird sie auch bei der Limousine darauf sehen, daß der Farbton, in dem Polster und Innenausstattung gehalten sind, ihrem Aussehen keinerlei Abbruch tut.«

Die Dame in Verbindung mit dem Auto, das zeigen auch die vielen Anzeigen und Plakate von damals, symbolisierte den Luxuskonsum der Oberschicht: »Das Auto ist für sie etwas, das glänzt, viel Geld kostet und deshalb sehr chic ist. Es erlaubt ihnen neuen Luxus, ein neuartiges Mittel, um ein bißchen den Neid der Freundinnen zu erregen«, schreibt ein Chronist jener Tage.

„Stimmt es, Charles, daß man heute mehr Wert darauf legt, intelligent und originell zu sein als reich und konventionell?"

Fiat Panda. Die tolle Kiste.

Er liegt in puncto Leistung in Front und tanzt in puncto Verbrauch aus der Reihe: 33 kW/45 PS, Spitze 140 km/h. 5,8/7,5/8,4 Liter Super bei 90/120 km/h/Stadtverkehr (Vergleichswerte DIN 70030-1). Robust gebaut: 6 Jahre Gewährleistung gegen Durchrostungs-Schäden. Reichhaltiges Innenleben: Stoffbezüge, Teppichboden, getönte Scheiben. Wie es sich für Aufsteiger ziemt, enorme Anpassungsfähigkeit: 1. Doppelbett, 2. Fünfsitzer, 3. Lastwagen, 4. Kinderwiege. 9.690 DM (unverbindliche Preisempfehlung der Fiat Automobil AG ab Kippenheim/Baden). „Nicht teurer als ein Nerz, gnädige Frau."

Der Kleinwagen – um den Gegenstand unserer Betrachtung nicht aus den Augen zu verlieren – ist da noch lange nicht gemeint, obwohl es ihn auch in Deutschland durchaus schon gab, etwa mit dem grünen Laubfrosch von Opel oder dem BMW-Dixi oder dem ›Kommißbrot‹ von Hanomag (Zwei Pfund Blech und ein Pfund Lack – fertig ist der Hanomag). Aber den Weg des Autos durch die Gesellschaftshierarchie von oben nach unten prophezeite die *Automobil-Revue* schon 1923: »Mit dem Auto wird es werden wie mit dem Pferd, der Eisenbahn und dem Fahrrad. Nicht der große Wagen, der noch lange Zeit, wenn nicht für immer, einer kleinen privilegierten Minderheit gehören wird, sondern der mittlere Wagen und vor allem der Kleinwagen. (...) Der Tag wird kommen – schneller als viele denken –, wo jeder unter dem Erdgeschoß seines Hauses einen Platz in der Garage, die in Zukunft bereitgestellt werden wird, haben wird; wo das Auto – wer weiß – im Mietpreis inbegriffen ist.«

Ganz so wurde es nicht, es wurde nur alles viel schlimmer. Daran hat die Geschichte der Kleinwagen gewiß den geringsten Anteil. Den haben wir, Sie erinnern sich, zurückgelassen, als er, für den unaufhaltsamen Weg nach oben, zu popelig wurde; als wir den (wie wir inzwischen wissen) Irrweg zu immer größeren, immer stärkeren Massenautos einschlugen und so aus einer beräderten die geräderte Gesellschaft wurde. Und als mit erheblicher Verzögerung der Kleinwagen wieder zu Ehren kam, da hatte das noch längst nichts mit Vernunft und der gewonnenen Einsicht zu tun, daß – small is beautiful – die Größe möglicherweise doch eher im Kleinen liege, sondern mit dem inzwischen weiter gewachsenen Wohlstand: Endlich konnte man sich den Zweitwagen leisten, die rollende Einkaufstasche für die

Endlich! Die italienische Antwort auf die Hollywood-Diät:

FdH*

Fiat Panda. Die tolle Kiste.

*'Fahr' die Hälfte... Auf dem Diätplan steht der Fiat Panda 1000 CL Plus. Der Ein- und Umstieg auf FdH, der weder auf den Magen schlägt noch Eßgewohnheiten beeinflußt. Appetizer: Die neuen Radkappen, weiße Blinker, abblendbarer Innenspiegel plus Streifen auf Heckklappe und Sitzen. All das verursacht keine Gewichtsprobleme (700 kg Leergewicht), läßt dafür aber das Finanzamt hungern. Ganze 31 Monate*¹ lang keine Kfz-Steuer (entspricht ca. 558 DM). Der Feinschmecker unter den Figurbewußten schätzt besonders, daß man beim Panda neuerdings aus 5 Gängen wählen kann. Beim Fiat Händler. Mahlzeit.

*¹ bei Zulassung vor dem 31.12.1987.

 Große Autos sind sehr bequem.
 Mittelgroße Autos sind – na ja.
 Panda fahren macht attraktiv.

liebe Frau Gemahlin – und die mußte nun ja, weiß Gott, nicht so groß sein.

Was das Auto, ob groß oder klein, einmal sein sollte, das wissen wir: Es sollte uns zu Herren über Raum und Zeit machen. »Der Sinn des Automobils ist Freiheit, Besonnenheit, Selbstsucht, Behagen. In ihm lebt die Reisekutsche mit all ihrer Fülle von Poesie wieder auf, nur unendlich bereichert um köstliche Möglichkeiten des intensiveren und gleichzeitig erweiterten Genusses«, schreibt Otto Julius Bierbaum im Jahr 1903. Man wollte nicht mehr, wie in der Eisenbahn, »gereist werden«, sondern »wirklich wieder reisen, als freie Herren, mit freier Bestimmung«. Welche Grenzen wir inzwischen dieser Freiheit über Raum und Zeit selbst gesteckt haben, je mehr wir uns den Traum vom Auto für jedermann erfüllen konnten, das wissen wir auch ohne den täglichen Bericht vom Auto-Stau, der die Fahrer großer wie kleiner Wagen genauso gleich macht wie den Firstclass- und den Economy-Fluggast am Gepäckband bei der Ankunft.

Und dennoch glaube ich nicht, daß wir uns dieses Gefühl von uneingeschränkter Mobilität, das wir mit dem Besitz des Autos, vieler gegenteiliger Erfahrungen zum Trotz, noch immer verbinden, je durch noch so ausgetüftelte Computerprogramme mit Reisen nach überall hin simulieren lassen werden. Die mind-machines werden uns die Windschutzscheibe als Kinoleinwand nicht ersetzen können.

Beim Steirischen Herbst 1990 (Motto: Auf und davon) wurde festgestellt, daß eine Zeit der »nomadisierenden Sensibilität« ausgebrochen sei, die *Der Spiegel* so beschrieb: »Auf dem Höhepunkt der technisch-kapitalistischen Zivilisation findet sich die Welt in einem Zustand wieder, in dem einst die herumirrenden Völkergemeinschaften des Orients am Beginn der abendländischen Kultur lebten.«

Wo auch immer die Gründe dafür zu suchen sein mögen, fest steht, daß ein Nomadisieren in diesem Ausmaß ohne das Auto nicht möglich geworden wäre. Und unbestreitbar ist auch, daß das Auto, wie keine andere technische Erfindung zuvor, nicht nur unsere Welt verändert, sondern auch von uns selbst in einem Maße Besitz ergriffen hat, das schwer erklärbar ist. Wissenschaftliche Untersuchungen belegen immer wieder, was uns die tägliche Praxis zeigt: daß nur beim geringsten Teil der Autobesitzer Nützlichkeitserwägungen an erster Stelle ihres Verhältnisses zum fahrbaren Untersatz stehen. So wird etwa der ungeheure, von keinem Marktstrategen vorhergesehene Erfolg der sogenannten Off-Road-Cars noch unverständlicher, wenn man weiß, daß weniger als 15 % der Käufer solcher Geländewagen überhaupt an Geländefahrten interessiert sind... Nicht ohne Grund sprechen Verkehrspsychologen vom Auto inzwischen vom »Ich aus Blech«.

Heimat auf Rädern, eiserner Hausfreund, mit Eifer geputzt, gepflegt und ausgeschmückt, Maskottchen, Klorolle, Kissen, Rallyestreifen, Zusatzlautsprecher, von der Kunst am Auto zum Kitsch im Auto: My car is my castle. Und werden die Emotionen, die das Verhältnis zu einem technischen Fortbewegungsmittel überlagern, nicht besonders beim Kleinwagen deutlich? »Auch kleine Autos sind große Persönlichkeiten«, notiert da allen Ernstes ein angesehener Motorjournalist; ein anderer überschreibt seine Autokritik mit »Amore, Herz und Schlendrian«. Ein Graffito fordert gar: »Liebe deinen Nächste wie dein Auto!« Und »Wie aus einem Gefährt ein Gefährte wird«, heißt der Untertitel eines Büchleins mit dem bezeichnenden Titel *Mein liebes Auto*, in dem nichts anderes beschrieben und gezeigt wird als das, was Menschen mit und an ihren – zumeist – kleinen Autos alles machen. Es sind die Kleinwagen, die häufig besonders liebevoll herausgeputzt werden; sie erhalten Namen; mit ihnen redet man; mit ihnen veranstaltet man die eigenartigsten Wettbewerbe: Wie viele Personen kann man beispielsweise hineinzwängen? Oder: »Autoerotiktest beweist: Beim Sex im Kleinwagen steht meist nur der Schaltknüppel im Weg!« Kleinen Autos werden – man denke nur an den Film *Herbie* – häufig magische Fähigkeiten angedichtet, und in der Erzählung *Karzinom Angels* eines gewissen Norman Spinrad stoßen wir sogar auf ganz besonders kleine Wagen: »Harrison Wintergreen war in seinem eigenen Körper. (...) Es war eine Autobahn, und Wintergreen fuhr auf ihr. Gedunsene Beutel ließen Dinge mitten in den brodelnden Verkehr plumpsen: Hormone, Ausscheidungen, Nährstoffe. Weiße Blutkörperchen karriolten wie wild gewordene Taxis an ihm vorbei. Rote Korpuskeln fuhren stur dahin wie phlegmatische Bürger. Der Strom verebbte und verstopfte, wie ein quer durch die Stadt gehender Stoßverkehr.«

»Ich glaube, daß das Auto heute das genaue Äquivalent der großen gotischen Kathedralen ist. Ich meine damit: eine große Schöpfung der Epoche, die mit Leidenschaft von unbekannten Künstlern erdacht wurde und die in ihrem Bild, wenn nicht überhaupt im Gebrauch, von einem ganzen Volk benutzt wird, das sich in ihr ein magisches Objekt zurüstet und aneignet.« Als der französische Philosoph Roland Barthes dies 1957 in seinen *Mythen des Alltags* schrieb, hatte er mit diesem überhöhten Vergleich sicher recht. Uns allen wäre sicher wohler, er hätte nicht immer noch recht. Tut's denn, um – zugegeben, etwas gequält – im Bild zu bleiben, eine Kapelle nicht auch?

Die Frage ist schließlich berechtigt: Wieviel Auto braucht der Mensch eigentlich? Und sie beantwortet sich inzwischen wohl für jeden, der auch nur ein bißchen über unseren derzeitigen Auto-Alltag hinausdenkt, nicht mehr mit: so viel wie möglich, sondern ganz selbstverständlich mit: so wenig wie nötig. So wenig wie nötig an äußerer Größe, so wenig wie nötig an Pferdestärken, an Kraftstoffverbrauch, an Geschwindigkeit. Wenn wir nicht gezwungen werden wollen, vielleicht schon in sehr absehbarer Zeit unsere durch das eigene Auto ermöglichte Mobilität ganz aufgeben zu müssen, dann gilt es, zur Bewahrung dieser Mobilität damit aufzuhören, wie bisher die Verhältnisse dem Auto anzupassen. Vielmehr müssen die Autos endlich den Verhältnissen angepaßt werden.

»Durch die bisherige Ausklammerung wichtiger Wechselwirkungen«, schreibt der unermüdliche Kämpfer für ein vernetztes, also ein Denken in Zusammenhängen, Frederic Vester, in seinem jüngst erschienenen Buch *Ausfahrt Zukunft*, »ist das heutige Individualfahrzeug, das auf einem überalterten Konzept beruht, durch seine rein lineare Weiterentwicklung in einer Sackgasse gelandet. In seiner derzeitigen Form (...) der aufwendigen Infrastruktur und den zum Teil pervertierten Funktionen wird es schon den heutigen Verkehrsbedürfnissen nicht mehr gerecht, geschweige denn den zukünftigen. Kurz, es ist für die Vergangenheit und nicht für die Zukunft gebaut.« Sie merken, worauf das zwangsläufig zielt? Natürlich auf den Kleinwagen. Will man den modischen Habitus kritischer Zeitgeister nicht mitmachen, die sich zum Thema Auto meist nur noch mit Schaum vor dem

Betrübt guckten die Finanzminister auf die Steuerschätzung. Insbesondere bei der Kfz- und der Mineralölsteuer hatten sie sich verschätzt.

Fiat Panda. Die tolle Kiste.

Des einen Leid, des andern Freud. 896 cm³ bringen dem Fiskus wenig, dem Fahrer aber 33 kW/45 PS, 140 km/h. 5,0/7,0/7,1 Liter Super bei 90/120 km/h/Stadtverkehr (Vergleichswerte DIN 70030-1) machen den Staat nicht reich, reichen aber für viele vergnügliche km. Mit allem Drum und Dran: Verbundglas-Frontscheibe, getönte Scheiben rundum, heizbare Heckscheibe, Flankenschutz, 6 Jahre Gewährleistung gegen Durchrostungsschäden. Und drin: 5-Sitzer, 7fach verstellbare Rückbank. 9.990 Mark (unverbindliche Preisempfehlung der Fiat Automobil AG ab Kippenheim/Baden). Da fällt auch die Mehrwertsteuer nicht sehr üppig aus.

Mund äußern (dies aber, Hand aufs Herz, dem Fahrrad und den meist unzulänglichen öffentlichen Nahverkehrsmitteln noch allemal vorziehen), so kann man doch mit ›vernetztem‹ Anstand ein gemäßigt hohes Lied auf den Kleinwagen singen. (Na, vielleicht nicht gerade auf den stinkenden Trabi, obwohl – es ist ja noch längst nicht ausgemacht, ob dieses kleine Auto der Befindlichkeit seiner Fahrer nicht weit bekömmlicher war als die nun auch in der ehemaligen DDR stattfindende automobile Hochrüstung mit all ihren absehbaren Folgen.)

Übrigens: ließe sich ein solch gemäßigt hohes Lied, jenseits aller auf der Hand liegenden ökonomisch-ökologischen Argumente, nicht sogar noch um eine quasi europäische Strophe erweitern? Auf den ersten Blick mag der Gedanke ja weit hergeholt sein, aber ist er im Rahmen dieser ebenso ungeordneten wie unvollkommenen Bemerkungen völlig abwegig: der Kleinwagen als organische Konsequenz einer europäischen Stadtentwicklung, als eigentlich logische Folge unserer Architektur- und Technikgeschichte?

Für Amerika war es einigermaßen logisch, daß die von Henry Ford bei der automatisierten Tierkörperzerlegung in den Schlachthöfen abgeguckte und von ihm dann in ein System der automatisierten Autoteile-Zusammenführung verwandelte Idee den Beginn einer Massenmotorisierung darstellte, deren angemessene Verwirklichung schließlich der Straßenkreuzer war, bei uns lange Zeit auch neidvoll-bewundernd ›Ami-Schlitten‹ genannt. Warum auch nicht in einem Land, in dem alles groß war, dessen Weite sich durch den Bau großzügiger Autostraßen am einfachsten und wirkungsvollsten erschließen ließ und in dem man auf in langer Geschichte gewachsene Stadtstrukturen keinerlei Rücksicht zu nehmen hatte, weil es, von wenigen Ausnahmen abgesehen, diese gar nicht gab? Die Neue Welt konnte es sich leisten, sowohl im Stand damaligen umweltsünderischen Nichtwissens als auch und vor allem im Zustand noch weitreichender (im Sinne der Alten Welt) kulturhistorischer Unschuld, das Auto, groß und platzheischend, zum Mittelpunkt seiner Zivilisation zu machen, Strukturen an ihm auszurichten, Städte und Siedlungen autogerecht anzulegen. Das Ergebnis kennen wir: Schön sind sie nicht, die Gesichter jener so entstandenen Anhäufungen von Gebäuden, und sie vermitteln kaum etwas von dem, was wir in Jahrhunderten unter Stadtkultur zu verstehen gelernt haben.

Es war daher absolut unlogisch, daß wir im dicht besiedelten Europa geraume Zeit auch glaubten, Amerika spielen zu können. Besonders natürlich dort, wo die Zerstörungen des Krieges vermeintlich ›Freiräume‹ hinterlassen hatten (und leider nicht nur da und auch noch viele Jahre später), haben Stadt- und Verkehrsplaner, den Blick fest auf immer mehr und immer größere Autos gerichtet, viele europäische Städte ihrer einst organisch gewachsenen Gestalt und ihrer damit verbundenen Kultur beraubt. (Gerechterweise: Auch dort, wo dies nicht geschah, haben inzwischen verschmutzte Luft, verdreckte Flüsse, Lärm, verstopfte Straßen und veränderte Wohnbedingungen die meisten unserer Städte altersschwach werden lassen. Ein *Grünbuch zur städtischen Umwelt* des zuständigen Kommissars der Europäischen Gemeinschaft hat kürzlich die städtischen Probleme erstmals zusammengefaßt, zu deren Verursachern fraglos auch ein nicht auf unsere Traditionen zugeschnittener Autoverkehr gehört.)

Rechne: Wäre jedes der 25 Millionen Autos in Deutschland nur 5 Zentimeter kürzer – wieviel Kilometer Spielstraße gäbe das?

Fiat Panda. Die tolle Kiste.

Das deutsche Durchschnittsauto mißt 4,30 m. Dem Fiat Panda reichen 3,38 m. Das genügt, um alles unterzubringen, was man zum Autofahren braucht: einen Motor (mit 34, 45 oder 48 DIN-PS gleich 25, 33 oder 35 kW), zwei Vordersitze, eine siebenfach verstellbare Rückbank (auch als Doppelbett geeignet), 4 Ausstellfenster, 2 Scheibenwischer (einer vorn, einer hinten) usw. 1983 hat jeder 100ste einen Panda gekauft. Macht 19.397 m Betonersparnis. Bleibt dieser Trend stabil, können bald Parkhäuser zu Bowlingbahnen, Tankstellen zu Blumenläden und Radarfallen zu Paßbild-Stationen umgebaut werden. Weitere Vorschläge bitte an: Fiat Automobil AG, Salzstraße 140, 7100 Heilbronn, Kennwort „1250 km".

*unverbindliche Preisempfehlung ab Kippenheim/Baden. Superleasing und günstige Finanzierung durch die Fiat Kreditbank GmbH.

Hätte es also vielleicht wenigstens ein bißchen auch mit einem wiedergewonnenen Gefühl für die Bewahrung europäischer (Städte)Maße, mit – ein wenig pathetisch gesagt – der Besinnung auf kulturelle Identitäten zu tun, wenn z. B. in Turin und auch in anderen europäischen Autometropolen vermehrt Konzepte für zukunftstaugliche Kleinwagen entwickelt werden? Auto*kultur*, so verstanden? Wohl doch eher nur am Rande. Aber wir müssen kulturelle Reflexionen gar nicht erst versuchen. Der Entwicklungsweg unserer künftigen Autos ist aus viel handfesteren Gründen vorgezeichnet...

In der erwähnten Studie *Ausfahrt Zukunft* hat Frederic Vester nach eingehenden kybernetischen Untersuchungen zusammengestellt, wie das ›ideale Individualfahrzeug‹ von morgen sein wird: »Es muß bequem, hoch und kurz sein, lautlos fahren, keine Abgase erzeugen, voll recyclingfähig sein, fehlerfreundlich sein und sicheres Fahren garantieren.«

Warten wir nicht, bis noch mehr Städte für Autofahrer gesperrt werden müssen. Stellen wir uns besser schon jetzt darauf ein, daß nicht unsere Parkplätze zu klein, sondern unsere Autos zu groß sind. Ob wir es wollen oder nicht: wir werden schon bald Abschied nehmen müssen von falschen Statussymbolen, vom Prestigedenken in Gestalt immer stärkerer und schnellerer Autos. Denn die noch mögliche Zukunft der Automobile liegt im Kleinwagen.

Es gibt den sehr schönen Roman von Sten Nadolny, *Die Entdeckung der Langsamkeit*. Darin findet sich die in unserem Zusammenhang, wie ich finde, nicht unpassende Stelle: »Er hatte jetzt den Mut, Wiederho-

„Die Parkplätze sind nicht zu klein. Die Leute haben zu große Autos", sagte der Bürgermeister.

Fiat Panda. Die tolle Kiste.

Dieser Ausspruch des regierenden Bürgermeisters einer fränkischen Kleinstadt (gefunden im Hohlspiegel 17/85) hat uns tief bewegt. Wenn sich selbst in der (Entschuldigung) Provinz diese Erkenntnis durchsetzt, welche städteplanerischen Möglichkeiten eröffnen sich da erst für die Ballungszentren? Man könnte die Straßen verschmälern und die Bürgersteige verbreitern. Grüne Parkanlagen statt grauer Parkplätze. Tankstellen könnte man in Spielplätze umwandeln (5,1/7,5 l unverbleites Normal bei 90 km/h/Stadtverkehr, Vergleichswerte nach DIN 70 030-1). Letzte Meldung: In Deutschland gibt es bereits über 100.000 Panda. Mitbürger! Wähler! Das ist noch nicht genug.

lungen zu verlangen, Ungeduld nicht zuzulassen, anderen die eigene Geschwindigkeit aufzuzwingen zum Besten aller: ›Ich bin langsam. Richten Sie sich bitte danach.‹«

BLINKLICHTER

200.000.000 PANDAS
DIETER ZIMMER

Ein Bonner Kameramann war dabei damals. Ein Zeitzeuge. Er hat es oft erzählt:
Neujahrsempfang in der Godesberger Redoute, die Vorfahrt geht zu Ende, alle Diplomaten sind eingetroffen. Wir warten nur noch auf den Gastgeber. Pünktlich auf die Minute naht sein Konvoi. Ich lasse die Mühle laufen. Die Kamera. Polizeimercedes mit Blaulicht, Mercedes-Sicherungsgruppe Bonn, dann der Mercedes des Bundespräsidenten. Denken wir. Aber da hat sich einer dazwischen gedrängelt, mit so einem kleinen roten Auto. Vermasselt uns das Bild. Denke ich. Die Polizisten an der Auffahrt winken den Störer aufgeregt weiter. Aber das kleine rote Auto hält vor der Redoute, und wer steigt aus? Na ja, Sie ahnen es: der Bundespräsident und seine Gattin. Die Journalisten und die paar Neugierigen lachen. Der Richie, sagt einer, hat doch immer einen Joke drauf! Was ist denn das für ein Auto? fragt unser Redakteur. Ein Trabi, ulkt mein Assistent. Quatsch, ein Pampa, ruft jemand. Ein Panda, verbessere ich. Ja, so fing das Ganze an. Ich bewahre die historische Aufnahme in meinem persönlichen Archiv, sie hat mir schon viel Geld eingebracht.

Auch die Presse berichtete damals groß. *Bild* mit einem halbseitigen Foto auf der ersten Seite. Aber keiner ahnte die Folgen. Wirklich keiner.

Als der Bundespräsident mit demselben Auto den chinesischen Präsidenten vom Flughafen Köln-Bonn abholte, wurde gewitzelt: Panda, China etc. Aber noch wußte niemand einzuordnen: bloß ein guter Gag oder

„Wir müssen", sagte der Umweltminister, „wir müssen beim Sparen mit gutem Beispiel vorangehen."

Fiat Panda. Die tolle Kiste.

 5,8 Liter (Super nach DIN 70030-1) bei 90 km/h, 7,5 l bei 120 km/h, 8,4 l im Stadtverkehr. Kein Langweiler: 896-ccm-Motor, 33 kW/45 PS, Spitze 140 km/h (wenn Sie mal ganz schnell ins Kabinett müssen). Auch innen Spitze. Der Fünfsitzer: alle Sitze in Normalstellung. Der Liegewagen: alle Lehnen flach. Der Kinderwagen: Rückbank in V-Form (s. Skizze, bitte dem Familienminister zeigen). Der Einkaufswagen: Rückbank vorgeklappt. Der Lastwagen: Rückbank raus, 1088 l Laderaum. Kopfstützen vorn, Verbundglas-Frontscheibe, 4 Ausstellfenster, 5 Sicherheitsgurte, Heckscheibenwischer, abknöpfbare Stoffbezüge, leicht zu reinigen. Schutzschilde vorn und hinten, Flankenschutz serienmäßig. Ministerstander gegen Aufpreis. **FIAT**

doch eine ernsthafte Erkrankung? Edzard Reuter wurde interviewt: Was ist mit Mercedes? Schon Adenauer und sein 300er! Und sogar davor. In Weimar. Geht eine Ära zu Ende? Der *Spiegel* argwöhnte respektlos, Turin habe eine kostenlose Schmierung gewährt. Stellen Sie sich vor: der Bundespräsident gesponsert! Wie ein Kicker mit drei Streifen am Stiefel! Bis der Präsident endlich sein Schweigen brach. Im ZDF. Die Frage, raffiniert, schnörkellos: Herr Bundespräsident, ist der Panda möglicherweise eine Anspielung auf Bären im allgemeinen und den Berliner im besonderen, und wollen Sie damit eine Präferenz für eine bestimmte Hauptstadtlösung zu erkennen geben? Der Panda, antwortete der Präsident, genügt. Wenn man sich heute vor Augen hält, was dieser schlichte Satz ausgelöst hat!

Nur der Kanzler und der Postminister fuhren noch monatelang Mercedes. Der Kanzler gab sich einfach unbeirrt, der Postminister tat, als genüge es, den Mercedes gelb spritzen zu lassen. Alle anderen Kabinettsmitglieder arbeiteten sich unauffällig zu kleineren Hubräumen vor. Oder zurück. Wie man es nimmt. Daran vorbei kam keiner, wir hatten ein Wahljahr. Der Arbeitsminister tat wohl konsequent das einzig richtige und bestellte einen Motorroller. Mit Beiwagen, weil er ja unterwegs sein Sekretariat brauchte.

Ein wenig, muß man zugeben, erinnerte die Situation an eine Hexenjagd. Die Presse hatte ihr Thema. Bald wurde öffentlich angeprangert, wer noch sechszylindrig den deutschen Wald mordete. Der neue Idealtyp des Erfolgreichen wand sich schlangengleich in eine Karosse und strahlte dabei blendaxweiß, rettete er doch mit seinem Verzicht auf Ellbogenfreiheit – man beachte den übertragenen Sinn! – mindestens ein Fichtenzweiglein. Bestimmte

Blätter veröffentlichten wöchentlich Ranglisten der PS-Zahlen bekannter Politiker, Unternehmer, Künstler, Sportler. Der *Stern* schrieb zu Recht, die Kampagne gegen die Raucher sei ein Klacks gewesen, der Volkszorn fordere ein neues Opfer zum Fraß, und nannte Beispiele.

Die Produzenten hubraumstarker Limousinen sahen, auf deutsch gesagt, steinalt aus. Am schlimmsten traf es Daimler-Benz. In höchster Eile wurde der geschrumpfte 190er in einer dreirädrigen Version auf den Markt geworfen, abgemagert um zwei Zylinder, aber in geschnittenen Kurven kippte der Wagen oft. BMW in München suchte seine Rettung im Rückgriff auf die Isetta, sogar der Vorstand fuhr damit fernsehwirksam nach Feierabend Schleifen ums Siegestor, aber die ungewohnten ›Knutschkugeln‹ überschlugen sich dauernd. Das Volkswagenwerk schien in einer guten Position durch die Zusammenarbeit mit Zwickau. Der Trabant wurde aufgemöbelt, bis hin zum Aschenbecher im Fond, und lief anfangs europaweit vom Band.

Aber es war zu spät. Der Panda hatte die Nase vorn, und zum Dank an den Initiator wurde ein Modell mit Sonderausstattung aufgelegt: der Panda ›Presidente‹ mit rotem Teppich.

Der Panda bewies Qualitäten, auf die bisher niemand geachtet hatte. Zum Beispiel hatte man geglaubt, zu acht könne man auf langen Strecken nicht bequem reisen. Im Test fuhren zwei Erwachsene, vier Neugeborene und zwei Goldhamster von Hessen nach Rheinland-Pfalz und wurden lebend geborgen. Die Bilder von der Rettung gingen um die Welt und prägten sich ein. Die Werbefotografen lernten neue Techniken: Aus der seitlichen Perspektive war nicht zu bemerken, daß die Passagiere nur deshalb ellbogenfrei saßen, weil zwei Pandas nebenein-

Vorsicht, auf der Karriereleiter kommt Ihnen ein Falschfahrer entgegen. Halten Sie sich ruhig und äußerst rechts.

Fiat Panda. Die tolle Kiste.

Während Radfahrer mit Etappenziel Chefetage häufig unter verkrümmter Wirbelsäule leiden, erkennt man Panda-Fahrer am aufrechten Gang. 92,0 cm vom Polster bis zum Himmel sorgen auch beim Sitzen für die nötige Kopffreiheit vorn und 5,4/7,3/6,8 Liter (90 km/h, 120 km/h, Stadtverkehr nach DIN 70030-1) auf 100 km für finanziellen Spielraum. Ob als Lastwagen mit bis zu 1 m³ Laderaum oder zur Personenbeförderung, mit 341 cm paßt der Panda in die kleinste wirtschaftliche Nische. Bei dem tollen Finanzierungsangebot der Fiat Kredit Bank erübrigt sich jeder Bückling vor Bankern.

 Als Azubi kaufte er sich einen Panda.   Als Abteilungsleiter kaufte er seiner Frau einen Panda.   Als Generaldirektor kauft er allen einen Panda.

„Steyrpuchnochamoi!" meckerte die alte Gemse. „Seit es dieses Auto gibt, kann man nicht mal mehr in Ruhe die Eier ausbrüten."

Panda 4x4. Die Allradkiste.

Zuschaltbarer Allradantrieb (1), Steigfähigkeit voll beladen 50% (2). „Klettermaxe" (Autozeitung 14/83). Erster Serienallrad der Welt mit quer eingebautem Motor. In Alpenjägergrün und, für 333,– DM extra, Quarzgrau-Metallisé lieferbar. 13.990,– DM unverbindliche Preisempfehlung ab Kippenheim/Baden. 5 Gänge, 2 Außenspiegel, 7fach verstellbare Rückbank, wärmedämmende Scheiben, wahlweise Kunstleder- oder Stoff-Innenverkleidung, verstärkte Rammschutzleisten (3), verstärkter Steinschlagschutz, Geländereifen 145 SR 13 (4). Jodeln und Schuhplatteln kann er noch nicht.

Neu: 1 2  3 4

ander parkten. Besonders beeindruckte die Verbraucher der Nachweis, daß im Handschuhfach tatsächlich ein Handschuh Platz hatte. Der Durchbruch war geschafft! Während die Autostädte in Europa, Japan und Amerika an Auszehrung litten, wuchs die Panda-Metropole Turin in alle Himmelsrichtungen. Östlich sogar bis Mailand. Der Boom war nicht pannenfrei. So endete das Band No. 246 in der Sakristei des Mailänder Doms, was halbherzige Proteste des Vatikans auslöste; aber fuhr man dort nicht als Spende die Sonderausführung ›Panda Santissima‹ mit Weihwasserkühlung? Ein südliches Band bei Alassio reichte wegen eines Planungsfehlers ins Mittelmeer. Der Hinterachsmonteur Luigi Casiraghi bekam eine Prämie für den Vorschlag, hier die Schwimmversion zu montieren, die mit eigener Kraft nach Libyen und Ägypten schwamm.

Wer die Idee hatte, im nahen Aostatal symbolträchtig Pandabären anzusiedeln, war hinterher, wie immer in Fällen geistiger Urheberschaft, umstritten. Man einigte sich salomonisch darauf, daß der Gedanke von Agnelli selbst ins Gespräch gebracht worden sei. Es wurden Eukalyptusplantagen angelegt, die prächtig gediehen, bis ein Hobbyzoologe darauf aufmerksam machte, daß Pandas Bambus fressen. Die Population im Aostatal entwickelte sich nach Behebung dieser Panne vortrefflich und verbreitete sich. Ein beliebtes Motiv waren eine Zeitlang die Pandabären, die mit den Arbeitern am Panda-Fließband frühstückten.

Um die Jahrtausendwende rollte der Panda auf den Straßen der Welt fast ohne Konkurrenz. Außerhalb des Großraums Turin hielten sich unbedeutende Spezialisten z. B. eine Produktion von Unterwassercabrios in Detroit oder in Tirol ein Werk für Klettcars, die an überhängen-

„Komisch ist nur", sagte der Mann von der Tankstelle, „daß er öfter zum Waschen als zum Tanken hier ist."

Fiat Panda. Die tolle Kiste.

5,8 l Super bei 90 km/h, 7,5 l Super bei 120 km/h, 8,4 l Super im Stadtverkehr (DIN 70030-1). ADAC-Test-Durchschnitt: 5,7 Liter. 33 kW (45 PS), 140 km/h Spitze. Verbundglas-Frontscheibe, heizbare Heckscheibe, 4 Ausstellfenster, 3 große Ablagefächer, Kopfstützen vorn, Automatikgurte vorn, Teppichboden. 7fach verstellbare Rückbank: z. B. Fünfsitzer (1), Doppelbett (2), Kinderwiege (3). Einkaufswagen (4). Das Ganze zu einem Preis, der sich gewaschen hat: 8.990 DM (unverbindliche Preisempfehlung ab Kippenheim/Baden) für den Panda Special.

den Felsen operierten. Alles andere hatte der Panda unter sich begraben. Da der Panda ein sparsames Auto war, gingen nach und nach die großen Mineralölkonzerne bankrott. Shell hielt sich noch am längsten, aber nur, weil man auf Babynahrung umstieg. Ganze Industrieregionen verödeten jedoch.

Turin war das Zentrum der Welt. Seine Oper hatte die des Vororts Mailand überflügelt. In der Reserve von Juventus warteten alle aktuellen deutschen und brasilianischen Nationalspieler auf einen Einsatz in der ersten Mannschaft. Man unterhielt Präsidenten und Ministerpräsidenten, die weit vom Schuß, in Rom, repräsentierten. Die wichtigen Dinge wie das europäische Kabinett waren der Konzernspitze direkt unterstellt und wurden bei Bedarf zu den Vorstandssitzungen hinzugebeten.

Oft weiß im nachhinein niemand, wann und warum eine hoffnungsvolle Entwicklung umkippt. Als der 200.000.000 Panda vom Band lief, in massivem Gold, huldigten noch Präsidenten aus aller Welt. Aber bald ging es bergab. Manche Historiker meinen, der Panda habe seinen Zenit überschritten, als im Geist der Zeit das erste konsequent umweltschonende Modell vorgestellt wurde: mit einer Tretkurbel vor jedem Sitz anstelle eines Motors. Ökologen und Kulturphilosophen rühmten die »konsequenteste Abkehr vom PS-Rausch«, aber Wirtschaftler warnten, das Automobil werde sich selbst ad absurdum führen. Bald kam das Modell, das von einem Pferd, bzw. als ›de luxe‹ von zwei Pferden, gezogen wurde. War es der Vorstoß ins neue Jahrtausend oder der Rückfall in die Zeit vor Benz und Daimler? Die Historiker werden das Urteil fällen. Dem Panda und dem Bundespräsidenten wird jedoch ihr Rang in der Geschichte der Menschheit nicht zu nehmen sein.

ZUGEGEBEN ETWAS KLEIN
MICHAEL ENDE

Abends pflegen die Römer sich auf den Pincio oder den Gianicolo zu begeben, um von diesen beiden Hügeln aus ihre Stadt zu bewundern. Das machen sie seit zweitausend Jahren, ohne es je leid zu werden. Da stehen sie dicht gedrängt an den steinernen Balustraden und zeigen dahin und dorthin über das Meer der Dächer und Kuppeln, die in diesem einzigartigen violetten Licht verschwimmen und verglühen, als sei jeder Abend aller Tage Abend.

»Ecco, il Colosseo!«
»Ecco, Santa Maria Maggiore!«
»Ecco, la Dentiera!«

(›Zahnprothese‹ – so nennen sie den Altar des Vaterlandes, ein riesenhaftes weißes Marmormonument, das Vittorio Emanuele direkt neben dem Kapitol errichten ließ.)

Die Männer erklären mit einem gewissen Besitzerstolz, die Frauen und Kinder hören ihnen bewundernd zu, als sei ihnen das alles ganz neu.

Die meisten kommen natürlich im Auto, denn der Weg hier herauf ist beschwerlich. Liebespaare bevorzugen schwere Motorräder, die sie mit laufendem Motor stehenlassen. Doch der Lärm stört niemand. Die Umstehenden drehen einfach ihre Transistorradios lauter, was zur Folge hat, daß alle sich schreiend verständigen müssen. Aber lautes Schreien gilt bei diesen Leuten als Ausdruck gesteigerter Lebensfreude. Das erklärt vielleicht auch ihre ansonsten unerklärliche Vorliebe für Opernarien.

Was für eine Stadt! Was für ein Volk!

„Papi, warum brauchen wir zu Hause ein großes Auto?"

Fiat Panda. Die tolle Kiste.

Wenn wir Deutschen im Urlaub ein Auto mieten, waltet die pure Vernunft. Klein soll er sein. Aber 5 Leute sollen reinpassen. Schnell soll er sein. Aber 125 km/h reichen dicke. Spaß soll er machen. Aber wenig soll er kosten. Im Urlaub taxieren wir uns schließlich nach dem Bräunungsgrad der Oberhaut und nicht nach der Füllung der Rindsleder-Brieftasche. Für alle, die es noch nicht wissen: Den Panda gibt es auch in Deutschland. Speziell für Urlauber, die ihre Bräune wieder verloren haben: Panda Bianca. Das Sondermodell für bleichgesichtige Ex-Rothäute.

„Der Gardasee-Expreß Frankfurt – München – Salzburg – Torbole läuft planmäßig auf Liegeplatz 4155 ein."

Fiat Panda. Die tolle Kiste.

D-Zug mit Frachtraum (272–1088 Liter) und Dachboden (Dachträger gegen Aufpreis). Komfortables 4- bis 5-Mann-Sitzabteil (verschiebbarer Aschenbecher). Bequemes 2-Mann (Frau)-Schlafwagenabteil (7fach verstellbare Rückbank). Panoramascheiben (rundum getönt). Ca. 140 km/h (ohne Surfbrett). 45 genügsame DIN-Pferde (=33 kW). 5,0/7,0/7,1 Liter Super bei 90/120 km/h/Stadtverkehr (Vergleichswerte nach DIN 70030-1). Ca. 1 Mio. Haltestellen an Wasser, Wind, Welle und 3-Sterne-Restaurants. Hier wiederum verspeisen 4 Fahrgäste kaum, was sie gegenüber der Schiene sparen.

FIAT

Eines Abends also saß ich auf einer Parkbank des Gianicolo und betrachtete die Römer, während sie Rom betrachteten. Mich wiederum betrachtete seit einiger Zeit ein Bettler mit nachdenklichem Blick. Ich erhob mich, um mir einen anderen Platz zu suchen, aber so einfach wollte er mich nicht entkommen lassen. Er faßte mich am Ärmel, zog mich zur Balustrade und wies mit großer Gebärde ins Weite.

»Ecco, la cuppola di San Pietro! Bello, eh?«

Ich nickte, woraufhin er mir fordernd die offene Hand hinhielt. Ich fischte eine Hundert-Lire-Münze aus meiner Tasche, um seine Dienstleistung zu belohnen.

Hundert Lire für den Petersdom? Er schien nahe daran, mir das Geld vor die Füße zu werfen. Die Umstehenden, von ihm zu Zeugen meines Banausentums angerufen, wandten uns ihre Aufmerksamkeit zu und musterten mich mit geringschätzigen Blicken. Ich gab weitere hundert Lire und entfloh.

Nach kurzem Umherirren fand ich mich tiefer im Park am Rande eines kleinen Teiches wieder. In dessen Mitte befand sich ein Inselchen, und auf diesem erhob sich ein sonderbares Gehäuse von etwa drei oder vier Metern Höhe. Da seine Wände aus Glasscheiben bestanden, konnte man in seinem Inneren einen komplizierten Mechanismus beobachten. Es handelte sich um eine Uhr, unter der ein Waagebalken angebracht war, an dessen beiden Enden sich schöpflöffelartige Gefäße befanden. Aus einem Wasserreservoir darüber ergoß sich – mittels einer Art Weichenstellung, die durch die Bewegung des Waagebalkens reguliert wurde – abwechselnd links und rechts ein Strahl in das jeweils oben stehende Gefäß, wodurch dieses nach unten sank, seinen Inhalt ausschüttete, wiederum stieg und so die Bewegung des Waagebalkens erzeugte, die ihrerseits das Uhrwerk antrieb.

Während ich noch über das Funktionieren der mysteriösen Apparatur grübelte, hielt neben mir am Straßenrand eines jener lächerlich kleinen Autos, die wie Brötchen aussehen, aber den Vorzug haben, selbst die engsten und verwinkeltsten Gäßchen der Stadt noch als Rennstrecke benützen zu können.

Die linke Tür öffnete sich, und heraus stieg ein dicker Mann mit Glatze und gerötetem Gesicht. Dann tat sich auch die rechte Tür auf, und eine ebenso beleibte Frau wälzte sich ins Freie, deren Oberlippe von einem leichten Schnurrbartflaum geziert war und die, als sie endlich stand, den Mann um Haupteslänge überragte. Sie schwitzte stark und kühlte sich mit einem Fächer. Inzwischen war aus der ersten Tür ein mageres junges Mädchen von vielleicht vierzehn Jahren geklettert, gefolgt von einem zweiten, das etwa achtzehn Jahre zählen mochte und einen erstaunlich ausladenden Busen besaß. Dann kamen nacheinander drei schwarzgelockte Knaben ans Tageslicht, die sich balgten und pufften. Ich hätte sie auf zehn, acht und fünf Jahre geschätzt. Als ich schon glaubte, nun sei's zu Ende, erschien noch schnaufend und hustend ein hagerer weißhaariger Alter mit Zigarette im Mundwinkel. Als er sich auseinandergeklappt hatte, war er fast zwei Meter groß.

Verblüfft starrte ich auf das zwergenhafte Fahrzeug und dann wieder auf die Menschengruppe, und so achtete ich zunächst nicht darauf, was der Dicke den anderen, die ihm andächtig lauschten, zu erklären begann. Offenbar handelte es sich um eine Familie, deren Oberhaupt er war. Die umfangreiche Dame mit dem Schnurrbart mußte seine Gattin sein, und die fünf Kinder waren ihre Söhne

„...24 Fl. Barolo, 12 Fl. Verdicchio, 1 Espresso-Maschine, 300 Meter Spaghetti, 2 Artemide-Lampen, 1 Saporiti-Sessel, 1 Abendkleid von Valentino, 1 Morgenmantel von Fiorucci, 1 Tasche von Gucci, 2 Krawatten von Pucci, 4 Paar Schuhe von Santini & Domenici, 1 Schweinsleder-Ausgabe von Machiavelli..."
Kaum zu glauben, was die Kiste über die Grenze brachte. Aber amtlich.

Fiat Panda. Die tolle Kiste.

Die Herren vom Zoll ließen im Auto: die heizbare Heckscheibe, die Ablagefächer in den vorderen Türen, den Motor mit 45 DIN-PS (33 kW), ca. 140 km/h, 896 ccm, (5,0/7,0/7,1 Liter Super bei 90/120 km/h/Stadtverkehr, Vergleichswerte nach DIN 70030-1), die getönten Scheiben rundum, die Scheibenwisch-/-waschanlage (vorn und hinten). Heraus nahmen sie die 7fach verstellbare Rückbank, den verschiebbaren Aschenbecher, die Sitzbezüge. Und je länger der Zollamtsleiter dieses Schauspiel verfolgte, um so unbändiger wurde sein Verlangen nach einem praktischen, kleinen Dienstwagen.

und Töchter. Der weißhaarige Alte wurde von niemand angeredet und schwieg seinerseits beharrlich. Vielleicht war er ein entfernter Verwandter, oder er war einfach nur so dabei. Die anderen schnatterten inzwischen alle durcheinander. Die Diskussion hatte sich erhitzt.

»Aber es kann nicht sein!« rief der älteste Knabe. »Es ist nicht möglich, weil...«

»Ruhe!« fiel ihm der Vater ins Wort, »ich erkläre es euch noch einmal, aber ich bitte mir etwas mehr Aufmerksamkeit aus. Also: Die Wasserstrahlen bewegen, wie ihr seht, den Waagebalken, und dieser treibt nicht nur das Uhrwerk an, sondern zugleich eine Pumpe, die das Wasser aus dem Teich in das Reservoir hinaufbefördert. Wo käme denn sonst dieses Wasser her?«

»Vielleicht aus der städtischen Wasserleitung?« ließ das magere Mädchen vernehmen.

»Unsinn!« versetzte der Vater und blickte sie streng an. »Ich sage euch, dieses ganze Wunderwerk hält sich durch die Energie in Gang, die es selbst produziert. Also kann man es mit vollem Recht ein Perpetuum mobile nennen. Wieso denn nicht?«

»Weil«, rief nun wieder der älteste Knabe, der übrigens Belisario hieß, »weil unser Lehrer gesagt hat, ein Perpetuum mobile gibt es nicht und kann es niemals geben. Das ist wissenschaftlich erwiesen. Darum!«

»Willst du etwa die Worte deines Erzeugers bezweifeln, du Lausejunge?« schrie der Vater und wurde noch röter im Gesicht. »Willst du mich der Lüge bezichtigen?«

Die Mutter legte ihm die Hand auf den Arm. »Aber wenn's doch der Lehrer gesagt hat.«

»Der Lehrer, der Lehrer!« antwortete der Vater mit rollenden Augen. »Wer ist das überhaupt? Wer kennt ihn schon? Was weiß denn der von solchen Dingen? Aber ich,

euer Vater, ich weiß es, denn diese Wasseruhr ist eine Schöpfung unseres Ururgroßschwagers, also eines Mitgliedes unserer Familie, quasi ein Urahn. Da dürfte man wohl etwas mehr Respekt erwarten.«
»Hab ich ja«, maulte Belisario, »aber ein Perpetuum mobile kann es trotzdem nicht sein, weil es keins gibt.«
»Aber wenn du's doch hier vor der Nase hast!« brüllte der Vater. »Hast du keine Augen im Kopf, du ungläubiger Thomas?«
Plötzlich wandte er sich mit leidender Miene an mich. »Sagen Sie selbst, Signore, was soll man mit dieser heutigen Jugend anfangen? Sie glauben ihren eigenen Eltern nicht mehr. Ist es nicht hoffnungslos?«
Ich versuchte, mich mit einigen undeutlichen Lauten aus der Affäre zu ziehen.
»Genau!« rief der Dicke erfreut. »Wie recht Sie haben! Der Materialismus ist es, der schon die Kinder von früh an verblendet. Da hört ihr es selbst, was der Dottore sagt, und er ist ein gebildeter Mann.«
Dottore wird in Rom jeder genannt, der eine Brille trägt und so aussieht, als habe er schon einmal ein Buch gelesen.
Für die nächsten zehn Minuten wurde ich zum Mittelpunkt einer allgemeinen Debatte, in der alle – außer dem schweigsamen Alten – mich zum Kronzeugen ihrer Argumente erkoren. Da ich mich dieser Verantwortung nicht gewachsen fühlte, murmelte ich schließlich, daß es mir leid täte, das anregende Gespräch abbrechen zu müssen, aber eine dringende Verabredung zwänge mich zu gehen.
Wo ich denn hin wolle?
Da mir gerade nichts Besseres einfiel, nannte ich die weit entfernte Via Marmorata beim Testaccio.
Und wie ich dort hinkommen wolle?

„Seit er den berühmten Rennfahrer Alberto Frascati das erste Mal siegen sah, war in ihm der Wunsch nach einem dieser knallroten italienischen Flitzer nie erloschen.

Fiat Panda. Die tolle Kiste.

4-Zylinder-Saugmotor. 896 ccm. 32-mm-Weber-Vergaser. 45(I)DIN-PS (33 kW) in der Straßenversion. Ca. 140 km/h. Tankstops selten (5,0/7,0/7,1 l Super bei 90/120 km/h/Stadtverkehr. Vergleichswerte nach DIN 70030-1). Mit Flankenschutz, Heckscheibenwischer/-wascher, 7fach verstellbarer Rückbank, Radiokonsole, verschiebbarem Aschenbecher, Heizung, Lüftung (2stufig) etc. alltagstauglich gemacht. Satte Straßenlage auf 145/70SR13-Walzen. Privatfahrer spornt besonders der Preis an: DM 10.341,– (unverbindliche Preisempfehlung ab Kippenheim/Baden).

Ich stotterte etwas von einem Taxi.

Der dicke Mann – er wurde übrigens von seiner Frau Drucio, von den Kindern Babbo genannt – hob beschwörend die Hände.

»Tun Sie das nicht, Dottore! Sie sind nicht von hier, nicht wahr? Ich sage Ihnen, die Taxifahrer in dieser Stadt sind alle Räuber und Banditen. Wir werden nicht zulassen, daß man einen Freund ausbeutet. Außerdem müssen wir sowieso fast in die gleiche Gegend. Wir werden Sie mitnehmen. Kommen Sie, kommen Sie nur!«

Obwohl der Abend inzwischen kühl geworden war, brach mir bei der Vorstellung, in dem winzigen Fahrzeug womöglich auf dem Schoß der schnurrbärtigen Gattin kauern zu müssen, der Schweiß aus. Ich suchte verzweifelt nach Ausflüchten, doch keiner hielt der überwältigenden Freundlichkeit der Familie stand.

»Ach was, Umstände!« rief Drucio. »Sie machen uns überhaupt keine Umstände. Es ist uns ein Vergnügen und eine Ehre, einem ausländischen Freund wie Ihnen einen kleinen Gefallen tun zu können.«

Die Knaben zerrten an mir, und die Mädchen schoben mich von hinten in Richtung auf den Kleinwagen zu. Die Mutter lächelte und entschied: »Rosalba wird uns fahren. Sie hat gerade erst ihren Führerschein bekommen und ist sehr stolz darauf. Machen Sie doch dem Kind die Freude!«

Mit einem letzten lahmen Versuch des Widerstandes wies ich darauf hin, daß es im Auto möglicherweise etwas eng werden könne.

»Zugegeben, es wirkt äußerlich ziemlich klein«, erwiderte Drucio, »aber es ist innen erstaunlich geräumig. Nun komm schon, Dottò!«

Von diesem Augenblick an duzten mich alle. Ich war

Sie hatte sich vorgenommen, sich in diesem Mai unter keinen Umständen zu verlieben. Aber dann kam alles ganz anders.

Fiat Panda. Die tolle Kiste.

Sie liebt ihn heute sogar mehr als einst im Mai. Sein Temperament: 33 kW/45 PS, 140 km/h. Seine Bescheidenheit: 5,8/7,5/8,4 Liter Super bei 90/120 km/h/Stadtverkehr (Vergleichswerte DIN 70030-1). Seine Großzügigkeit: Verbundglas-Frontscheibe, getönte Scheiben rundum, Heckscheibenheizung und -wischer, 7fach verstellbare Rückbank, Stoffbezüge. Seine grundsolide Art: Kunststoff-Stoßfänger, Flankenschutz, Kunststoffeinsätze in den vorderen Radkästen, 6 Jahre Gewährleistung gegen Durchrostungsschäden. Klar, daß das kein flüchtiges Verhältnis bleibt.

lebenslänglich in den Kreis der Familie aufgenommen. Ohne Berufung.

Ehe ich mich's versah, hatte man mich auf einem der hinteren Plätze verstaut. Rosalba – es war die Tochter mit dem erstaunlichen Busen – saß bereits hinter dem Steuer.

»Denke daran«, sagte der Vater, während er neben ihr Platz nahm, »denke daran, mein Kind, wenn eine Ampel Rot zeigt, so bedeutet dies, daß du beim Überqueren der Kreuzung besser links und rechts schauen solltest, denn es gibt viele rücksichtslose Verkehrsteilnehmer.«

»Si, Babbo«, antwortete das Mädchen gehorsam, und ab ging die Fahrt, daß die Reifen jaulten.

Ich schloß die Augen und klammerte mich an der Rückenlehne des vor mir sitzenden weißhaarigen Alten fest. Erst nach einer Weile wagte ich es, mich umzusehen. Tatsächlich hatte das Fahrzeug, von innen betrachtet, etwa die Geräumigkeit eines Kleinbusses. Jedes Familienmitglied saß auf einem eigenen Sitz. Hinter mir gab es sogar noch so etwas wie einen Laderaum, der sich jedoch in der Dunkelheit verlor.

Drucio wandte sich um und schaute mich beifallheischend an.

»Erstaunlich!« sagte ich und nickte anerkennend.

Er kletterte über den Sitz nach hinten und ließ sich neben mir nieder.

»Im Grunde ist es ganz einfach eine Frage des Überlebens«, erklärte er. »Unsere Städte sind eng und übervölkert und ersticken in Blech. Immer mehr Leute fahren mit dem Auto, selbst wenn sie nur eben um die nächste Ecke wollen, um Zigaretten zu kaufen. Also war es für die Industrie notwendig, die Fahrzeuge äußerlich immer kleiner und innerlich immer geräumiger zu machen. Eine Lösung, die gewissermaßen auf der Hand lag.«

»Ah«, sagte ich«, »so einfach ist das.«
»Sissignore«, antwortete er, »man muß eben nur draufkommen. Aber es war ja immer schon unsere besondere Begabung, uns mit den Notwendigkeiten irgendwie zu arrangieren.«
»Sehr wahr«, gab ich zu.
»Komm, Dottò«, forderte er mich auf, »ich zeige dir noch mehr.«
Wir erhoben uns und tasteten uns taumelnd und von Rosalbas rasanter Kurventechnik geschüttelt nach hinten in den Laderaum.
Drucio öffnete eine metallene Schiebetür und knipste das Licht an.
Vor uns lag ein schmaler Flur, großblumig tapeziert, mit mehreren normalen Zimmertüren. Er öffnete die erste. Ich blickte in einen kleinen Raum. In den beiden gegenüberliegenden Ecken standen je ein doppelstöckiges Bett, an den Wänden Schränke und Kommoden und ein Schreibpult sowie eine ansehnliche Stereoanlage.
»Das Zimmer unserer vier Söhne«, erklärte Drucio.
»Vier?« fragte ich verwirrt.
»Si, Nazzareno, unser Ältester, liegt gerade im Krankenhaus Salvator Mundi wegen einer Blinddarmoperation.«
»Ach so.«
Das nächste Zimmerchen war der Schlafraum der beiden Töchter, mit zahllosen Postern an den Wänden, darunter eines von Al Bano und Romina Power über dem Bett der jüngeren. Über dem der älteren dagegen hing eines von Angelo Branduardi, auf dem man fast nichts als Haare sah. Im übrigen war hier alles rosa.
»Mbeh!« war der Kommentar des Vaters.
Es folgte das Elternschlafzimmer mit dem obligatori-

Daß kein Zimmer frei war, störte uns wenig. Der Portier versprach immerhin, das Frühstück ans Auto zu bringen.

Fiat Panda. Die tolle Kiste.

7fach verstellbare Rückbank: z.B. Doppelbett (1), Fünfsitzer (2), Kinderwiege (3), Einkaufswagen (4). Abknöpfbare Sitzbezüge, leicht zu reinigen. Teppichboden, Stoffhimmel. 3 große Ablagefächer, 4 Ausstellfenster, Verbundglas-Frontscheibe, heizbare Heckscheibe. 6 Jahre Gewährleistung gegen Durchrostungs-Schäden. 896-ccm-Motor, 33 kW (45 PS), 140 km/h. Verbrauch: 5,8/7,5/8,4 Liter Super bei 90/120 km/h/Stadtverkehr (Vergleichswerte nach DIN 70030-1). Testdurchschnitt ADAC-Motorwelt 5,7 Liter. Da darf es ruhig mal ein Champagner-Frühstück sein.

schen Doppelbett aus ornamental verschlungenen Messingröhren und dem Bild einer barbusigen Magdalena an der Wand darüber, die, einen Totenschädel in Händen, tränenfeuchten Auges gen Himmel blickte.

Die nächste Tür – »Das ist nur das Bad« – wurde übersprungen.

Wir wechselten auf die andere Seite des Flurs und betraten die Wohnküche. Dort saß eine alte Frau, die so dick war, daß sie für jede Gesäßhälfte einen eigenen Stuhl benötigte. Sie war nur mit einem Unterrock bekleidet, hatte ein Haarnetz auf dem Kopf und badete ihre Füße in einer Schüssel mit Seifenwasser. Vor ihr stand ein Fernsehapparat, in dem gerade eine Quizsendung mit Mike Bongiorno lief.

»Mamma«, brüllte Drucio ihr ins Ohr, »ich habe einen Freund mitgebracht.«

Sie blickte kurz auf und schlug mit der Hand ein Kreuz in meine Richtung. Dann wandte sie ihre Aufmerksamkeit wieder dem Quiz zu.

»Mamma ist eine Heilige«, erklärte mir Drucio. »Sie wohnt eigentlich nicht ständig bei uns. Sie hat ein kleines Haus auf dem Lande. Aber sie fährt so gern Auto, darum.«

Das Nicken war bei mir inzwischen schon automatisch geworden.

Als nächstes besichtigten wir den Salotto, einen Repräsentationsraum, der – wie Drucio mir erklärte – normalerweise von der Familie nicht benutzt wurde, sondern Hochzeitsfeiern, Kindstaufen und Beerdigungsversammlungen vorbehalten war. Auf dem hochglanzpolierten Eßtisch in der Mitte stand eine Schale aus grünem Marmor, gefüllt mit allerlei Früchten aus Plastik. In einem Vertiko an der Wand waren Erinnerungsstücke und Kostbarkeiten ausgestellt, so zum Beispiel mehrere

Dreisitziges Sofa Knasa mit zwei Sesseln Malmö inkl. 125 km/h schneller Verpackung an Selbstabholer günstig abzugeben.

Fiat Panda „Dance". Die noch tollere Kiste.

Schon bei der Formgebung der Sitzgruppe „Dance" haben unsere Designer platzsparend gedacht. Sie ist so konstruiert, daß sie in eine kleine, eckige Kiste paßt, die wenig Platz braucht. Das spart Geld bei der Verpackung und Lagerung und später Zeit bei der Parkplatzsuche. Nur 341 cm mißt der Panda „Dance" inkl. schadstoffarmem FIRE-Motor (25 kW/34 PS), rechtem Außenspiegel, Heckscheibenwischer, wiederverschließbarem Ausstellfenster hinten etc. Mitmachen spart weiteres Geld: selbst aussuchen (von schneeweiß bis schwarz), selbst ausprobieren (ohne Chauffeur), selbst abholen (beim Fiat Händler). Nur zusammenbauen müssen Sie ihn nicht selbst.

Panda „Dance" zu einem unmöglichen Preis von 10.490,– DM (unverbindliche Preisempfehlung ab Kippenheim). Nicht im Möbelhaus, sondern beim Fiat Händler (Adressen und Prospekte gibt's unter 0130/22 85 zum Ortstarif).

Madonnen aus Porzellan und Gips, der Größe nach geordnet, eine Gondel voller Pralinen, ein Eiffelturm und eine kleine Büste von Johannes XXIII. als Rauchverzehrer. In einer Zimmerecke stand eine vergoldete Konsole, darauf eine Stehlampe in Gestalt einer Haremsdame, die eine Fackel emporstemmte.

»Und nun noch mein Studio«, sagte Drucio, während er eine weitere Tür öffnete.

Ich blickte in eine Kammer, die mir wie eine Mischung aus Apothekerladen, Schusterwerkstatt und Sakristei erschien. Da gab es eine Unmenge Flaschen und Gefäße aller Art, Schachteln und Dosen, Kruzifixe in allen Ausführungen, Amulette, Kräuterbüschel, Tarotkarten und an den Wänden astrologische Zeichen.

»Zugegeben«, meinte mein Gastgeber, »es ist alles etwas klein und eng hier, aber wir sind bescheidene Leute. Für uns genügt es. Wichtig ist doch, daß man die Wärme der Familie um sich hat, du verstehst, was ich meine?«

»Nein«, sagte ich, »das heißt, ja. Ich meine, das verstehe ich schon, aber eigentlich verstehe ich überhaupt nichts mehr...«

Er blickte mich besorgt an. »Du bist ja bleich wie ein Handtuch. Vielleicht verträgst du das Autofahren nicht. Es gibt viele Leute, die werden seekrank davon, vor allem auf den hinteren Plätzen. Ich werde dir etwas geben. Du wirst sehen, gleich wird dir besser.«

»Nein, nein«, wehrte ich erschrocken ab, »das ist es nicht. Vielen Dank, ich bin schon wieder ganz in Ordnung.«

Ich taumelte auf den Flur hinaus. Er folgte mir und schloß die Tür seines Studios sorgfältig mit dem Schlüssel ab.

»Nur wegen der Kinder«, erklärte er. »Übrigens sind wir bereits am Ziel. Du kommst rechtzeitig zu deiner dringenden Verabredung, mach dir keine Sorgen, lieber Freund.«

Ich stand vor der letzten Tür.

»Und hier?« fragte ich matt, »was ist hier?«

»Ach«, sagte er, »nichts Besonderes. Da geht's nur zur Garage.«

»Wie – Garage?« flüsterte ich und konnte nicht verhindern, daß meine Lippen zitterten.

Er öffnete. Ich sah tatsächlich das Innere einer Garage vor mir, deren Einfahrt in diesem Augenblick offenstand.

»Nun ja, Dottò«, erwiderte er beiläufig, »du weißt doch selbst, daß es immer schwieriger wird, in der Stadt einen Parkplatz zu finden. Da ist es doch nur praktisch, wenn im Auto eine eigene Garage als Zubehör gleich mit eingebaut ist, in der man das Auto abstellen kann. Das spart enorm Zeit. Zugegeben, sie ist etwas klein, aber für so ein kleines Auto völlig ausreichend.«

In diesem Augenblick verwirrte sich mein Geist endgültig, es war einfach zuviel. Mit einem Aufschrei stieß ich Drucio beiseite und rannte in Panik durch das offene Garagentor ins Freie. Ich rannte und rannte wie ein gejagter Hase im Zickzack über die mittlerweile nächtlichen Straßen zwischen all diesen herumflitzenden Kleinautos hin und her, bis mich schließlich die Flüche der Fahrer und meine Atemnot zum Innehalten zwangen.

Erst spät in der Nacht fand ich in meine Behausung zurück, doch obgleich ich völlig erschöpft war, konnte ich kein Auge zutun. Bei dem Versuch, das Erlebte zu begreifen, liefen meine Gedanken wie chinesische Tanzmäuse im Kreise. Erst im Morgengrauen und nach ziem-

Wir beschlossen, die Garage etwas kleiner, dafür das Kinderzimmer etwas größer zu bauen.

Fiat Panda. Die tolle Kiste.

Mit etwas Geschick (und Flankenschutz und Kunststoffstoßstangen) reicht eine 3,40-m-Garage. Die 45 DIN-Pferde (33 kW, 3,38 m lang) passen locker rein. Mit heizbarer Heckscheibe, verschiebbarem Aschenbecher, getönten Scheiben, 7fach verstellbarer Rückbank, Nebelschlußleuchten, Heckscheibenwischer/-wascher. Circa 140 km/h schnell, genau 5,0/7,0/7,1 Liter sparsam (Superbenzin bei 90/120 km/h/Stadtverkehr, Vergleichswerte nach DIN 70030-1). Unverbindliche Preisempfehlung ab Kippenheim/Baden: 10.341 DM. Mit Zustimmung von Tochter Susi wird das große Einweihungsfest von der Garage ins Kinderzimmer verlegt.

lich vielen Gläsern schweren Rotweins gelang es mir, das Karussell zum Stehen zu bringen und in dumpfen, traumlosen Schlaf zu sinken.

Am nächsten Tag fand ich in meiner Jackentasche eine Visitenkarte. Da ich beschlossen hatte, die ganze unmögliche Angelegenheit aus meiner Erinnerung zu streichen, weigere ich mich bis heute zu glauben, daß es Drucio war, der sie mir zugesteckt haben könnte – obwohl ich nicht weiß, wer es sonst getan haben sollte. Ich las:

Asdrubale Guradalacapoccia
Magier
Spezialitäten:
Liebestränke, Abwehr gegen bösen Blick,
Tototips, Wohnungsbeschaffung, etc.
Sprechstunden nach Vereinbarung.

Und dann stand da noch die Telefonnummer. Ich habe ihn aber nicht angerufen, weder am nächsten Tag noch irgendwann. Die winzige Chance für meinen Verstand, daß es ihn, seine Familie und sein Auto ganz einfach nicht gibt, möchte ich nicht so leichtfertig aufs Spiel setzen.

Nachtrag: Vor kurzem las ich in einer seriösen Zeitschrift eine Berufsstatistik, derzufolge es in Italien mehr als dreißigtausend behördlich gemeldete und beglaubigte Magier gibt.
　Das erklärt natürlich alles.
　Was für ein Land! Was für Leute!

„Herrliche Berge, sonnige Höhen,
Bergvagabunden sind wir, ja wir."

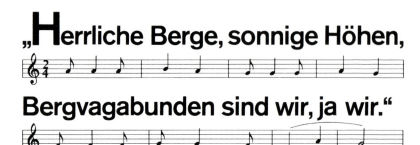

Fiat Panda 4 x 4. Die Allradkiste.

Den Bergvagabunden alter Prägung erkannte man bisher an g'nagelten Bergstiefeln, dem Trenker-Cord und an einem zünftigen Jodler. Seit 24. 2. hat er ein zusätzliches Merkmal. Einen Bergvagabunden jüngster Generation als Gefährten. Ausgewählt wegen seiner alpinistischen Fähigkeiten wie zuschaltbarem Allradantrieb (1) und Kletterver- mögen bis 50% (2) auf der technischen, Treue und Zuverlässigkeit auf der moralischen Seite. Er hat 35 kW/48 DIN-PS und macht in der Ebene (ca. 135 km/h) eine ebenso gute Figur wie auf „flammenden Bergen". Mit nur 5,9/7,9/7,9 l Verbrauch (3) (Super bei 90/120 km/h/Stadtverkehr, Vergleichswerte nach DIN 70030-1) schafft er auch längere Expeditionen ohne Rast und erweist sich im harten Einsatz als besonders robust, ausdauernd und zäh (4). Wie der Herr, so's Gescherr. Berg frei, Luis Trenker.

1 2 3 4

NEU: Bei Finanzierung 1,9% effektiver Jahreszins. 14.650,– (unverbindliche Preisempfehlung ab Kippenheim/Baden).

SISYPHOS SIEBEN
FRED BREINERSDORFER

Herrschaften, was ich Ihnen heute erzähle, ist eine Nachbarschaftsgeschichte. Und ich habe jede Menge Verständnis, wenn Sie gleich weiterblättern, weil Sie hinter einem so anspruchsvoll klingenden Titel wie ›Sisyphos sieben‹ keine einfache Story über gute und böse Menschen erwarten, die sich zufällig gegenüberwohnen. Aber der Fall ist so außergewöhnlich wie seine Begleitumstände. Ich erzähle ihn, weil über ihn in der örtlichen Presse nur sehr unvollständig berichtet wurde.

Unser Sisyphos heißt Carl von Luzius, er war Prokurist in einem Fahrradgroßhandel, der durch den Boom der Mountainbikes gerade eine unvergleichliche Blüte erlebt, 39 Jahre alt und ledig. Er lebte zurückgezogen in einer bestens renovierten Eigentumswohnung in einem Jugendstilhaus. Zu seinem Besitz gehörte – und darauf wird es noch ankommen – eine ungewöhnlich große Garage, in der der Erbauer vor Jahrzehnten einen Duesenberg unterstellen konnte. Luzius war ein stiller, freundlicher Mann mit regelmäßigen Lebensgewohnheiten, ein Amateurastronom, der genauso fließend über Pulsare wie über Quarsare plaudern konnte, ein Gourmet und – auch dies ist wichtig – ein fast begnadeter Hobbyhandwerker. Die auffälligste Eigenschaft unseres Nachbarn Carl von Luzius war allerdings seine Körpergröße. Mit Hinweis auf die Eintragung in seinem Paß reklamierte er stolze 151 Zentimeter für sich, was seine Umgebung, je nach Einstellung zu ihm, lächelnd oder spöttisch aufnahm. Anders als viele von körperlicher Kürze geplagte Zeitgenossen stand er dazu, mokierte sich sogar

Seine Augen hinter den dunklen Brillengläsern waren gespannt auf den Rückspiegel gerichtet. Plötzlich strafften sich die Gesichtsmuskeln. „Benzinsparer", zischte er. Dann war der Kleine auch schon vorbei.

Fiat Panda. Die tolle Kiste.

Der neue Fiat Panda 34. Normal-Verbraucher: 5,8/7,5/8,4 Liter bei 90/120 km/h/Stadtverkehr nach DIN 700 30-1. Spart nach Adam Riese 5 Pfennige mit jedem Liter. Was der 850 ccm-Motor aus Normal macht, ist Super: 25 kW (34 PS), 130 km/h, Einzelrad-Aufhängung, Scheibenbremsen vorn, Verbundglas-Frontscheibe, heizbare Heckscheibe, variabler Innenraum: 5-Sitzer (1), Doppelbett (2), Kinderwiege (3), Einkaufswagen (4). Für ganze 8.990.– Mark (unverbindliche Preisempfehlung ab Kippenheim/Baden). Sprach der Scheich zum Emir: „Sparen wir – oder geh'n wir?" Sprach der Emir drauf zum Scheich: „Sparen wir lieber gleich."

gelegentlich bei einem guten Essen darüber, daß es Menschen gäbe, die einen Klub der Kleinwüchsigen eröffnet hätten, dem er mit seinem Gardemaß nicht beitreten könne; denn man müsse schon weniger als 1,50 Meter an die Meßlatte bringen. Es war sogar so, Herrschaften, daß Carl von Luzius seine verhältnismäßige Kleinwüchsigkeit geradezu kultivierte. Er gab sich als der Freund des Kleinen, sammelte bibliophile Kleinausgaben bekannter Bücher, besaß Minikühltruhe und Kleinbildröhren-TV, und die ihm eigene Selbstironie fand denn auch darin ihren Ausdruck, daß er mit Vorzug Miniröcke an jungen Damen schätzte. Luzius wußte auch allerlei Aphoristisches zum Lobe des Kleinen, Bemerkungen wie ›klein, aber fein‹ oder ›weniger ist mehr‹ würzten seine Rede. Ja, Herrschaften, von Luzius war ein wahrer Sammler und Promotor des Kleinen!

Unverständlich bloß, daß er, wenn er nicht radelte, was er von Berufs wegen gelegentlich mußte, zur Fortbewegung ein Kraftfahrzeug aus jener gesichtslosen Mittelklasse einsetzte, von dem man nicht weiß, ob es in Japan, Frankreich oder Deutschland geschmiedet wurde. Als er bei einem Firmenausflug nach Berlin, in einem Sightseeing-Bus sitzend, auf dem Kurfürstendamm, wo bekanntlich auf dem Mittelstreifen geparkt werden darf, gleich hintereinander einen gepflegten Herrn in einem weißen Trenchcoat, eine sehr elegante Dame mittleren Alters und eine ungemein rassige junge Dame mit einem Minirock aus je einem Kleinwagen steigen sah, da reifte in ihm die Erkenntnis, daß im Stadtverkehr Nachfolger des legendären Mini in den von Luzius so bewunderten gehobenen Kreisen genauso geschätzt werden wie Mulis bei Almbauern. So faßte er den Entschluß, auch im Fahrzeugsektor dem kleinen Format den Vorzug zu geben.

Schon seine erste Investitionsentscheidung verriet den geborenen Unternehmer.

Fiat Panda. Die tolle Kiste.

Viel hat er nicht investiert (siehe Leiste unten). Aber wohlüberlegt: 1. in einem Geschäftswagen mit 33 kW/45 DIN-PS, 140 km/h Spitze, 5 Sitzen, verschiebbarem Aschenbecher, Teppichboden. 2. In einen Lastwagen: 7fach verstellbare Rückbank, bis zu 1088 l Laderaum, 4 Ablagefächer, Flankenschutz. Nutzt er das Fahrzeug 3. als Privatwagen, bleibt der Sonntagsausflug nicht auf die nähere Umgebung beschränkt: 5,0/7,0/7,1 l Super bei 90/120 km/h/Stadtverkehr (Vergleichswerte nach DIN 70030-1, alle Werte Panda 45). So geht Unternehmungslust auch nicht ins Geld.

*unverbindliche Preisempfehlung ab Kippenheim/Baden. Superleasing und günstige Finanzierung durch die Fiat Kreditbank GmbH.

Also erwarb sich Luzius eines jener praktischen Wägelchen, selbstverständlich das kleinste, das er finden konnte, in hochmodernem Design. Untröstlich war er indessen, als er feststellen mußte, daß sich der Sinn fürs Praktische auch bei der Innenausstattung bemerkbar machte. Sieht man von den Metallen ab, fand er kein Fäserchen natürlichen Materials. Der Blick durch die Windschutzscheibe bestätigte ihm den mangelnden Individualismus der Ausstattung. Und das allerschlimmste: die Proportionen! Der Schalthebel war für sein Gefühl zu lang, der Tacho zu groß, die Handbremse ungeschlacht. Prompt erinnerte sich der Individualist an seine handwerklichen Fähigkeiten. Er mottete sein Astronomenfernrohr ein, räumte in der Garage ein wenig um und begann, für eine gehobene und maßstabgerechte Ausführung des Kleinfahrzeugs ganz persönlich zu sorgen. An Wochenenden und in den Nachtstunden bohrte, schliff, fräste und hobelte er, bis Edelholz am Armaturenbrett prangte, reinstes Goldbrokatvelours die Sitze schmückte, das Lenkrad mit Nappaleder ummantelt war, ein Spoiler, ein winziger chromblitzender Vierfach-Auspuff und Breitreifen den Anblick des Automobils verschönten.

Aber, Herrschaften, es ist bekanntlich so, daß kein Mensch in Ruhe leben kann, wenn der böse Nachbar das nicht will. Die fragliche Person in unserem Fall heißt Anna Serenbach-Kiefer, eine promovierte Psychologin, überzeugte Ökologin, jahrelange Mitarbeiterin am Max-Planck-Institut für Verhaltensforschung. Anna Serenbach-Kiefer war fast das Gegenteil unseres Sisyphos. Sie mißt etwa einen Meter achtzig, in ihrer Jugend hat sie gerudert, was dem Muskelapparat des Körpers ersichtlich zugute kam, aber sie hat hinreißend blaue Augen und volles brünettes Haar, in das sie blonde Strähnchen färben läßt. Sie ist grundsätzlich gegen den Autoverkehr. Deswegen wundert es sicher niemand, wenn ich berichte, daß Anna Serenbach-Kiefer, bevor es zum Streit kam, mit Luzius wegen dessen beruflicher Betätigung fast freundschaftlichen Kontakt pflegte und sogar mit erheblichem Rabatt ein Renn- und ein Bergrad erwarb.

Nur deshalb traute sich Carl von Luzius wohl auch, der etwa gleichaltrigen Dame, die er durchaus bewunderte, in der von Neonlicht hell erleuchteten Garage den herausgeputzten Fahrzeugwinzling mit der Bemerkung, es sei ein waschechter ›fun-car‹, zu präsentieren. Doch Anna kam und machte sich lustig. Ich glaube heute, profane Gründe wie der ärgerliche Lärm, der wochenlang aus der Werkstatt drang, sind die Ursachen für den Spott gewesen. Sie selbst behauptet aber, die Ablehnung des Projektes liege auf der Linie einer konsequenten Umweltpolitik. Wie auch immer, Anna schritt um das Gefährt, tatschte hierhin, tatschte dahin, so daß Carl mit einem Wildleder Fingerabdrücke wegwienern mußte. Dann bemerkte sie nüchtern, daß im Tierreich männliche Exemplare einen zu klein geratenen Penis mit drastischem Imponiergehabe zu kompensieren pflegen. Carl lächelte wie ein Kunsthistoriker, dem man eine plumpe Fälschung zeigt. Einen Hinweis darauf, daß er über ein nicht nur ausreichend, sondern außergewöhnlich großes Glied verfüge, quittierte Anna Serenbach-Kiefer mit einem spöttischen »Tss«. Und es war wirklich ungerecht, daß sie die ebenso energischen wie wütenden Versuche des Carl von Luzius, seine Behauptung sofort unter Beweis zu stellen, ignorierte und hinausrauschte.

Wir, die Nachbarn, friedliche Menschen, müssen Sie wissen, erfuhren in den folgenden Tagen – natürlich in verschiedenen Versionen – von diesem Vorfall. Logi-

„Sparsam sein", hieß es in ihrer Dissertation, „ist nicht in erster Linie eine nationalökonomische Funktion, sondern eine menschliche Haltung."

Fiat Panda. Die tolle Kiste.

Einerseits 5,8/7,5/8,4 Liter Super bei 90/120 km/h/Stadtverkehr (Vergleichswerte DIN 70030-1). Andererseits 33 kW/45 PS, Spitze 140 km/h. Einerseits Gürtelreifen, Kunststoffschutzschilde, Kunststoffeinsätze in den vorderen Radkästen, 6 Jahre Gewährleistung gegen Durchrostungs-Schäden. Verbundglas-Frontscheibe, getönte Scheiben rundum, Ausstellfenster, heizbare Heckscheibe, Heckscheibenwischer, 7fach verstellbare Rückbank. Andererseits nur 9.690 Mark (unverbindliche Preisempfehlung der Fiat Automobil AG ab Kippenheim/Baden). Da freut sich der homo oeconomicus.

Rekord! Serienmäßiger 13-Ventiler* findet völlig legalen Parkplatz in 10,5 sec.

Fiat Panda. Die tolle Kiste.

Abb. Fiat Panda 45

Das Rekordfahrzeug (im Bild links) entsprach voll der Serie. 896 ccm, 33 kW/45 DIN-PS, ca. 140 km/h Spitze, 3,38 m Länge, 1,46 m Breite, 10 m Wendekreis. Auf aerodynamische Tricks wurde verzichtet. Front- und Heckscheibenwischer/-wascher, Außenspiegel blieben dran, die 4 Ausstellfenster ausgestellt. Rundum schirmen Flankenschutz und Kunststoffstoßstangen gegen weniger wendige Parkplatzsucher ab. Verbrauch: 5,0/7,0/7,1 l Super bei 90/120 km/h/Stadtverkehr (Vergleichswerte nach DIN 70030-1). „Verdammt", sagte der Konkurrent, „jetzt fahre ich schon 30 Minuten im Kreis und habe immer noch keine Lücke".

*1 Einlaß- sowie ein Auslaßventil pro Zylinder macht 8. Plus 5 Reifenventile macht zusammen 13.

Fiat Panda 34:
9.350.- Unverbindliche Preisempfehlung ab Kippenheim/Baden

scherweise ist die Zahl der Spötter immer größer als die der Menschen mit Mitgefühl. Deshalb hatte von Luzius beim Plausch mit Neugierigen vor seiner geöffneten Werkstatt gelegentliche Anspielungen zu erdulden. Unverdrossen besserte er nach, feilte und spähnte weiter.

Und eines Tages war der wunderschöne Winzling weg. Carl hatte kaum Gelegenheit gehabt, der erstaunten Öffentlichkeit sein Fahrzeug richtig zu präsentieren. Die Fahrt ins Büro zu den Blicken der neidvollen Kollegen war gerade erst geplant. Und jetzt war das Auto einfach fort! Spurlos verschwunden. Auch intensive Bemühungen der Polizei, das unverwechselbare Unikat zu finden, scheiterten. Sogar im Bauch eines vom Zoll aufgebrachten Riesentankers, in dem gestohlene Luxusfahrzeuge für den illegalen Export in die arabische Welt verstaut wurden, fand sich keine Schraube von Carls Wagen. Nach längerem Streit zahlte die Assekuranz wenigstens das Arbeitsmaterial und den Wagen als solchen. Die zahllosen Arbeitsstunden blieben unersetzt.

Sisyphos machte sich unterdessen wieder ans Werk.

Aus einem schmucklosen Kleinwagen entstand erneut in viermonatiger Freizeitarbeit eine Prachtkarosse im Miniformat, diesmal farblich noch besser abgestimmt, qualitätsmäßig auf noch höherem Niveau, mit fünf Auspuffrohren und einer Diebstahlschutzanlage mit Sirene, die sich anhörte wie das Nebelhorn eines Ozeanriesen.

Es war in der Schlußphase des Umbaus, als ein anonymer Briefumschlag mit zahlreichen Fotokopien aus einem bekannten Lehrbuch der Pathologie des menschlichen Körpers bei Carl von Luzius eintraf. Die Abbildungen zeigten ausnahmslos Männer mit monströsen Gliedern, nackt und in voller Größe, so daß das beeindruckende Mißverhältnis des Penis zur Körpergröße seines Besitzers augenfällig war. Mit einem scheppernden Lachen rannte er in die Garage und machte sich unverzüglich an die letzten Abstimmungsversuche am Nebelhorn, um sein Auto fahrtüchtig zu bekommen.

Doch trotz aller Vorsicht stahlen böse Menschen Carls winzige Limousine während der ersten Ausfahrt vom Parkplatz eines Genießer-Restaurants. Andere hätten die Fassung verloren, wären magersüchtig geworden oder hätten sich Kummerspeck angefressen, hätten das ohnehin etwas spärliche Haar ungepflegt zerstrubbeln lassen – anders Carl von Luzius. Wie seine Vorfahren, die ausnahmslos Lehrer und Offiziere waren, wahrte er straffe Haltung und machte sich – parallel zu zähen Verhandlungen mit der Assekuranz – wieder ans Werk.

Der Titel meiner Erzählung, Herrschaften, legt nahe, wie oft Sisyphos/Luzius ein neues Auto ausstattete, um es dann doch wieder durch Diebstahl zu verlieren. Welche Verzweiflung, welche Qualen, wenn er wieder einmal auf ein leeres Stück Asphalt starren mußte! Mehrfach hatte ihn die installierte Warnanlage aufgescheucht – Fehlalarm. Nur einmal kam er mit Seitenstechen gerade noch rechtzeitig ins Parkhaus, um Zeuge zu sein, wie der kleine schicke Wagen mit dem bekannten Geräusch kreischender Reifen auf die Rampe zur Ausfahrt hinunterschleuderte und auf Nimmerwiedersehen verschwand.

Dies war das siebte – und wie Carl von Luzius sich schwor –, das definitiv letzte Mal!

Luzius, der sich seitens seiner Versicherung, die er wegen Kündigung schon zweimal gewechselt hatte, dem Verdacht ausgesetzt sah, bei den Diebstählen seine Hände mit im Spiel zu haben, hatte lange gegrübelt.

Anonyme Zusendungen wie die erwähnte, aber auch beispielsweise ein Polaroidfoto, das kleine, handliche Blechpakete zeigte, so wie sie aus der Presse von Autoverschrottungsanlagen kommen, erweckten in ihm schon früh den Verdacht, Anna Serenbach-Kiefer treibe ein böses Spiel mit ihm. Die anonymen Anzeigen bei der Polizei, die Luzius aufgab, führten zwar zu Vernehmungen – auch die Versicherungsgesellschaft interessierte sich für die Aufklärung des Falls –, doch Anna hatte stets ein Alibi. Und die bloße Tatsache, daß sie ihrem Nachbarn gerichtlich die Werkstattarbeit an Sonn- und Feiertagen sowie zu Mittags- und Nachtzeiten verbieten ließ, erschien der Polizei nicht als hinreichendes Verdachtsmoment gegen eine kultivierte Frau, die geistig arbeitet. Jemand anders aus der Nachbarschaft mußte der Täter sein. Wer sonst hätte die Arbeiten so genau beobachten können?

Es ist nicht überliefert, Herrschaften, wie sehr der mythische Sisyphos darunter gelitten hat, daß er unentwegt einen Stein den Berg hinaufrollen mußte. Von unserem Sisyphos sieben kann ich aber zuverlässig berichten, daß ihn die sinnlose Arbeit im Laufe der Zeit trotz der von den Vorfahren ererbten disziplinierten Haltung an den Rand des Wahnsinns trieb. Keine technische Finesse, kein Alarmsystem war perfekt genug, um nicht von der mutmaßlichen Täterin überwunden zu werden. Ja, Luzius war der unerschütterlichen Auffassung, daß seine Nachbarin die Urheberin allen Übels war. Nicht hundertprozentig verbürgt, gleichwohl aber glaubhaft ist, daß Luzius sogar einen Psychiater besuchte, der die Hypothese vertrat, daß Anna Serenbach-Kiefer Carl von Luzius in Wirklichkeit liebe. Die Aggressionen seien ungewöhnlich, psychiatrisch gesehen aber durchaus ein

„Was macht ihr da?"

Fiat Panda. Die tolle Kiste.

Auch im neuen Panda 45 bleibt es Ihrer Phantasie überlassen, was Sie mit der 7fach verstellbaren Rückbank anstellen. Interessant in diesem Zusammenhang: neue Federung, neue Geräuschdämpfung (4), neue Lüftung (3). Alles auch während der Fahrt sehr wohltuend. Apropos Fahrt: Die neuen nippen satte 11% weniger als die ohnehin schon genügsamen Vorfahren, 5,0/7,0/7,1 Liter Super bei 90/120 / Stadtverkehr (Vergleichswerte DIN 7 0030-1). Apropos sparen: Günstige Finanzierung und Leasing durch die Fiat Kredit Bank GmbH. Und Aufpreise sparen: u.a. für elektrische Scheibenwaschanlage (2), getönte Scheiben, 6 Jahre Gewährleistung gegen Durchrostungsschäden. Kommen Sie doch mal zum Probeliegen vorbei.

Neu: 1 2 3 4

möglicher Ausdruck verwirrter und unerfüllter Sehnsüchte. Den Vorschlag des Arztes jedoch, sich zur Behebung des Problems Anna zärtlich zu nähern, wies der Patient brüsk zurück. Im Gegenteil, er erwarb auf dem Schwarzmarkt eine großkalibrige Schrotflinte, wie wir sie beispielsweise aus dem Streifen *Bullit* als sogenannte Pumpgun kennen. Die Waffe ist von ihrer Konstruktion her sehr solide und dadurch geeignet, einen Grizzlybären über den Haufen zu schießen oder die Bronze eines Reiterstandbildes zu durchschlagen.

Da von Luzius auch anwaltlichen Rat eingeholt hatte, wußte er, daß der Fangschuß, den er der Diebin zu geben beabsichtigte, als Notwehr zu qualifizieren wäre. Der unerlaubte Waffenbesitz würde ihm eine Geldstrafe von dreißig Tagessätzen einbringen – ein Klacks, verglichen mit dem Aufwand an unbezahlten Arbeitsstunden, den er zukünftig würde treiben müssen, falls der Spuk nicht beendet werden konnte. Die Falle war nicht einfach zu stellen, doch Carl von Luzius entschied sich schließlich für das Autokino, wo genügend Zeugen waren und andererseits die Versuchung für die Diebin groß. Dorthin fuhr er also mit seinem achten Mini, suchte einen Platz und verließ sein Auto scheinbar zufällig, um die Toilette aufzusuchen. Dann tauchte er im Schatten des Fahrzeugs ab und hielt die riesige Pumpgun plötzlich in den Händen, die kein bißchen zitterten. Luzius lauerte nun wenige Schritte hinter dem Buick eines amerikanischen Soldaten. Auf der Leinwand flimmerte *Batman*, so daß das Kino nicht stark besucht war. Freie Schußbahn.

Anna Serenbach-Kiefer näherte sich schon bald dreist und ohne Deckung in einem Trainingsanzug und mit weißen Sportschuhen. Sie beugte sich über das Kombinationsschloß, welches seit dem vierten Modell die Türen des Fahrzeugs sicherte. Alles deutete darauf hin, daß sie ihrem Nachbarn ein achtes Mal sein geliebtes Fahrzeug wegstehlen wollte. Der wahre Rächer hätte geduldig gewartet, mindestens bis die Diebin das Schloß geknackt hätte, damit das Delikt auch wirklich vollzogen gewesen wäre. Carl aber riß den Abzug der Waffe durch. Der Schuß aus der Pumpgun krachte. Der amerikanische Soldat erlitt ein behandlungsbedürftiges Knalltrauma. Die Vorstellung wurde unterbrochen. Kreischende Frauen sammelten ihre Dessous ein. Es war ein unbeschreibliches Durcheinander.

Als die Scheinwerfer aufflammten, stand der Schütze da, die Waffe in der Hand, und starrte auf seinen auf der Seite liegenden Wagen, dessen Scheiben zertrümmert und dessen Ausstattung zersiebt war. Was man zunächst für Blut eines Opfers gehalten hatte, erwies sich als auslaufende Bremsflüssigkeit. Von Anna war nicht die geringste Spur zu sehen.

Die Zeitung, davon erzählte ich eingangs, berichtete in einem Zehnzeiler von einem hochgradig verwirrten Mann, der sein eigenes Auto in einem Autokino mit einem großkalibrigen Jagdgewehr über den Haufen geschossen habe, danach nicht mehr ansprechbar gewesen sei und zur Untersuchung in ein psychiatrisches Landeskrankenhaus habe gebracht werden müssen.

Dort weilt Carl von Luzius heute noch. Er leidet an einer wohl unheilbaren Melancholie.

Längst ist seine Anstellung gekündigt, der gerichtlich eingesetzte Vermögenspfleger hat die Wohnung veräußert, einschließlich der Garage und aller Ersatzteile. In Luzius' Hinterlassenschaft wurde übrigens auch ein Videofilm gefunden, der zeigt, wie eines seiner Autos – es

„Ich bin für Entschwefelungsanlagen. Gegen Tierversuche. Für Selbstgestricktes. Gegen Dünnsäureverklappung. Für Vollkornbrot. Gegen Fertighäuser. Aber für den Fiat Panda. Bin ich schizo?"

Fiat Panda. Die tolle Kiste.

Die eine Seite des Fiat Panda 34 entspricht ja Ihrer Weltanschauung. Er spart Benzin (5,1/–/7,5 Liter Normal bei 90/120 km/h/Stadtverkehr, Vergleichswerte nach DIN 70 030-1). Er fährt bleifrei. Er spart Straßenfläche (3,38 x 1,46). Er spart ab Werk Ressourcen (680 kg Auto). Hält sich ab Werk an die Richtgeschwindigkeit (125 km/h Spitze). Was seine zweite Seite, den maßlosen Luxus wie die 7fach verstellbare Rückbank (!), den verschiebbaren Aschenbecher (!!), das Heizungs- und Lüftungsgebläse (!!!), die vielen Ausstellfenster (!!!!) betrifft: Springen Sie über Ihren Schatten, schlagen Sie über die Stränge. Langen Sie in die vollen. 1 x im Leben haben Sie es verdient.

Super-Finanzierung. 1,9% effektiver Jahreszins, 30% Anzahlung, 30 Monate Laufzeit. Ein Angebot der Fiat Kredit Bank.

war das sechste Exemplar – in das gefräßige Maul einer Blechpresse wandert und dort zermalmt wird. Wir alle genießen die Ruhe. Die neue Eigentümerin von Wohnung und Garage ist ein ältliches Fräulein, das leise gespielten Cool-Jazz und Balkonpflanzen liebt. Nur Anna ist mir böse und spricht nicht mehr mit mir, weil ich kurz vor dem Schuß mit ihr gewettet hatte, daß sie nicht den Mut habe, sich weniger als fünf Schritte dem Luziusschen Vehikel zu nähern, das vier Wagen neben meinem Auto zufällig im Autokino stand. Ich werde damit leben müssen. Sie war im Recht, sie hat die Wette gewonnen. Und ich glaube nicht, daß Anna wirklich so gefährdet war, wie sie nach dem Vorfall behauptete.

IM RÜCKSPIEGEL
DORIS RUNGE

an der kindheit
vorbei zurück
auf allen vieren
bin ich viel schneller
folgt mir mein schatten
fahr ich ihm nach

DAS NATURTALENT
GABRIELE WOHMANN

Lächerlich! Hör auf damit! Lauter Ausreden! Jeder Idiot fährt Auto, das bedeutet, jeder Idiot hat es lernen können, ein Auto zu chauffieren.

Alle redeten auf Regina ein. Sie sagte: Sehr schmeichelhaft, sehr ermutigend, das mit all diesen Idioten und Trotteln. Aber vielleicht bin ich ja noch blöder als die Mehrheit der Menschheit.

Sie aßen Pizza und tranken Rotwein.

Und das Trinken? fragte Regina.

Das solltest du sowieso demnächst reduzieren.

Draußen verdichtete sich der Regen zu einem Schneeregen.

Und was ist mit Glatteis?

Kommt ja kaum noch vor. Die Winter kannst du vergessen. Du hast immer drunter gelitten, daß du nicht autofahren kannst. Du hast dich eine Analphabetin genannt, ein Fossil, anachronistisch.

Wieder Cora, dann Helmut. Vehementes Zureden. Und das kleine Auto, es lockte ja. Diese Gelegenheit käme nie wieder. Margit Vogt wollte Regina ihr Auto vermachen, wie sie das nannte, weil die niedrige Kaufsumme schon einem Geschenk nahekam. Und nur 37.000 auf dem Tacho. Du wirst unabhängig sein. Oh, Selbständigkeit, dein ewiger Sehnsuchtsgesang!

Wieder hatte jemand aus der Runde recht, diesmal Falko, Reginas Ex-Freund, der sie vor ein paar Jahren zum Üben nach seinen Kommandos an sein Steuer gelassen hatte. Damals war Regina nach wenigen Fahrminuten gegen einen Laternenpfosten gebraust.

Elfi hatte oft von ihm geträumt: ein kantiger Typ, nicht groß, aber kräftig. Dazu bescheiden und praktisch veranlagt. Eines Tages stand er vor der Tür. Fiat Panda. Die tolle Kiste.

Der Fiat Panda. 3,38 Meter kurz, 33 kW/45 PS kräftig. 140 km/h schnell. Bescheiden: 5,7 Liter Super im Test (ADAC-Motorwelt 7/80). Praktisch: zum Beispiel als 5-Sitzer (1), als Doppelbett (2), als Kinderwiege (3), als Einkaufswagen (4). Abknöpfbare Stoffbezüge, leicht zu reinigen. Schutzschilde, Flankenschutz, Verbundglas-Frontscheibe, heizbare Heckscheibe. Preis: 8.990 DM (unverbindliche Preisempfehlung ab Kippenheim). Gut angezogen ist er auch, Elfi: von Giorgio Giugiaro.

Eines Tages stand vor seinem Haus ein kantiges Ding. Kein Chrom, keine Zierleisten, kein Plüsch.
Er sei auch so einer, hieß es. Man habe es ja gleich gewußt.

Fiat Panda. Die tolle Kiste.

Zierat gibt's nicht. Aber einen unglaublich variablen Innenraum: Fünfsitzer (1), Schlafwagen (2), Kinderwiege (3), Einkaufswagen (4). Zulässiges Gesamtgewicht: 1150 kg bei nur 700 kg Eigengewicht. Klassenbester! Motor: 33 kW/45 PS, Spitze 140 km/h. Verbrauch: 5,7 Liter Super (ADAC-Testwert). Preis: 8.990 DM (Unverbindl. Preisempfehlung ab Kippenheim). Schönen Gruß von Giorgio Giugiaro.

Die Fahrstunden finanziere ich Ihnen, kündigte Frau Körner an, Reginas Vermieterin, eine freundliche alte Dame und fast verliebt in ihre junge Mieterin.

Regina dachte an Frau Körners Leiden, das in der deutschen Übersetzung ›Schmerzen überall‹ hieß. Polymyalgia rheumatica. Allmählich halfen Corticoide, und den Spitz konnte sie wieder ausführen, aber das Einkaufen fiel ihr schwer, und oft rief sie sich ein Taxi.

Ich werde ein Auto haben und ich werde das Auto fahren können, sagte es in Regina. Welch eine Erleichterung für Frau Körner.

Und du kannst deine Familie jederzeit besuchen. Du hast immer gejammert, es sei eine Schande, wie sehr du sie alle vernachlässigst. Nimm nur Tante Rosi, das Altersheim, all das.

Regina dachte jetzt, wie erfreulich es wohl in Wahrheit sei, die Familie öfter zu sehen. Doch bei dem Gedanken, das kleine Auto zu besitzen, freute sie sich. Es gab sogar einen Ansporn, fahren zu lernen: Seit einem Vierteljahr war Regina in Dario Faust verliebt, einen schweren und fußkranken siebenundsechzigjährigen Gemischtwarendenker, bald Philosoph, bald Lyriker, bald Zukunftsforscher, und die Vorstellung, ihn zu den Provinzschauplätzen, zu den Plattformen seines geistigen Treibens – Volkshochschulen, Kulturvereine, Lesezirkel – demnächst in einem Auto zu kutschieren, gefiel ihr außerordentlich gut.

Aber es müßte ein schwarzes Auto sein, fand Regina. Und Margit Vogts verschiedene Aufkleber müßten verschwinden. Die Freunde lachten. Sei nicht zickig! Du stellst Ansprüche! Die Aufkleber kriegt man runter, und Umspritzen wäre auch kein Problem, aber alles in allem Quatsch, kostet einen Haufen Geld.

Margit Vogt hatte plötzlich auf der Karriereleiter ein paar Stufen auf einmal nehmen und einen Posten in der New Yorker Filiale ihrer Bank besetzen können. Damit sie sich an gemeinsame Fahrten erinnere, sollte Regina, keine andere, die Nachfolge beim ›kleinen Kameraden‹ antreten, so hieß das Auto außer ›Purzel‹. Margit Vogt hatte, nach enttäuschenden Erfahrungen mit Männern, eine Zeitlang nicht genau gewußt, ob sie womöglich für die Liebe zu Frauen geschaffen sei, und sie hatte diese Zweifel mit Reginas Hilfe zu zerstreuen versucht. Im ›kleinen Kameraden‹, in der Enge des ›Purzel‹. Eine Last für Reginas Gedächtnis. In Variationen dieser Experimente phantasierte sie Dario Faust an Margits Stelle. Aber Dario wäre zu massig fürs Hin und Her beim Austausch von Zärtlichkeiten. Drinsitzen, auf dem zurückschiebbaren Beifahrerplatz, das jedoch könnte er.

Woran denkst du, wovon träumst du? Kommst du uns wieder mit den Verkehrsregeln? Willst du wieder behaupten, du bekämst sie nie intus?

Ah, die Verkehrsregeln! Wie könnte ich, fragte sich Regina, Dario Faust, die gewaltige Ablenkung, dicht neben mir, Verkehrsregeln beachten? Mich dran erinnern, was sie bedeuten? Und mit den Besäufnissen wäre es aus und vorbei.

He, wach auf! Sag was! Haben wir dich endlich überzeugt? Regina, aus einer Bilderwelt gerissen, antwortete, der Umweltgedanke habe sie beschäftigt.

Das Selbsttanken. Die Reifendruckprüfung. Der Radwechsel. Überhaupt: Die Panne. Die Parklücke. Die Vorfahrt. Der Abgastest. Der TÜV. Die Versicherung. Das Überholmanöver. Die deutschen Autofahrer. Die Geschwindigkeitsübertretung. Der Fahrlehrer. Die Autobahn. Der Stau. Der Stadtverkehr.

Seitdem er nur noch für 700 Kilo Auto arbeitete, nahm er das Leben entschieden leichter.

Fiat Panda. Die tolle Kiste.

Wie wenig wiegen 700 Kilo Panda 45 auf dem Bankkonto? 9.990 Mark (unverbindliche Preisempfehlung der Fiat Automobil AG ab Kippenheim/Baden). Schwer wiegt die Ausstattung: 5-Sitzer, 7fach verstellbare Rückbank, Laderaum bis zu 1088 Liter, 4 Ausstellfenster, Verbundglas-Frontscheibe, getönte Scheiben rundum, Heckscheibenheizung und -wischer, Flankenschutz, 6 Jahre Gewährleistung gegen Durchrostungsschäden. Der 33 kW/45 PS-Motor bringt das Leichtgewicht auf 140 km/h. 5,8/7,5/8,4 Liter Super bei 90/120 km/h/ Stadtverkehr (Vergleichswerte DIN 70030-1). Eine Tankfüllung sind leicht 500 km. Also: kleines Auto – große Freiheit.

Die andern lachten immer noch. Regina und der Umweltgedanke! Als sei nicht sie es, die stets fatalistisch jedem Optimisten abwinke und »es ist zu spät« ausrufe, »alles vergeblich«. Es gehe doch, irreparable Ruiniertheit, auf sämtliche denkbaren Kollapskatastrophen zu. Originalton Regina, oder nicht mehr? Regina dachte: Meine kleine Welt würde ich um mich haben. Ein Auto ist eine kleine Welt, es ist ein zu-Haus-Sein. Für die Werbeagentur, bei der Regina arbeitete, mußte sie zweimal im Monat nach Krefeld fahren. Adieu, Bundesbahn, auf Nimmerwiedersehen! Ciao, Nahverkehr, Verkehrsverbund! Verspätet euch so lang ihr wollt, ihr überfüllten IC-Züge und vollgestopften S-Bahnen! Schluß mit dem Reisefieber, mit den Wandelgängen, kalten Füßen und Windstößen auf den Bahnsteigen, mit der Fremdbestimmung, mit den Nichtraucherplaketten und den Verblödungsschlagern und dem Funkgequietsche in den Taxis, Abhängigkeit ade. Am gleichen Abend noch telephonierte Regina mit Margit Vogt, zwei Tage später war sie Eigentümerin eines Kraftfahrzeugs. Das kleine Auto, von Margit dort abgeliefert, stand in der Nähe des kleinen Tors, durch das man in das Grundstück von Frau Körner gelangte, und Regina konnte es von ihrem Zimmerfenster aus betrachten. Dabei leistete Frau Körner ihr manchmal Gesellschaft.

Wie sehr freue ich mich für Sie, liebe Regina. Hier, die nächste Rate. Frau Körner überreichte Regina einen Scheck. Aber überstürzen Sie nichts, lassen Sie sich Zeit, nehmen Sie so viel und so lang Unterricht, wie Sie es brauchen.

Keine Andeutungen Frau Körners rund um die Erwartung, vom Auto demnächst zu profitieren.

Autogerechte Jahreszeiten: Auf einen frühjahrsähnlichen Winter folgte ein sommerlicher Frühling, und eines Samstagnachmittags fragte Dario Faust, der genug vom Herumliegen auf Reginas Couch hatte: Fahren wir ein bißchen raus? Ich habe ewig nicht den Wald gesehen. Regina erlitt eine unmäßige Adrenalinausschüttung. Sie hatte Dario erzählt, daß sie in kürzester Zeit das Autofahren gelernt habe und von ihrem Fahrlehrer als Naturtalent bewundert worden sei. In Wahrheit aber hatte sie noch nicht eine einzige Fahrstunde genommen. Schlimmer: Im Bekanntenkreis gab sie mit den Freuden und Belastungen des Autofahrens sogar an.

Fahr du, sagte sie zu Dario. Es schmeichelt Männern doch, wenn Frauen sie an ihr Steuer lassen, oder nicht?

Dario lachte wie einer, der sich mit Genuß blamiert. Kennst du Künstler, kennst du Menschen des Geisteslebens, die Auto fahren? Was von technischem Kram verstehen?

Das künstlerische Geisteslachen machte einen gefräßigen Eindruck, und wie schön wäre es gewesen, einzustimmen, das Lügendesaster loszuwerden, wie erleichternd! Aber dummerweise sagte Dario: Das erotisiert mich, daß du neuerdings Auto fährst. Eine ganz neue Komponente.

Genüßlich, zu groß und zu korpulent saß Dario Faust dann eingequetscht und mit geducktem Kopf auf dem Beifahrersitz. Regina hielt sich am Lenkrad fest. War das nun Feigheit oder Mut? Regina drehte den Zündschlüssel im Schloß, und der Motor sprang an, das Auto vibrierte leicht. Regina war über sich und das Auto gerührt. Wie ging das damals beim Üben mit Falko? Gang rein, Kupplung langsam kommen lassen, Gas geben! Laß es sein! Zwei Stimmen dirigierten Regina.

Ich habe Kopfweh, sagte sie. Mir ist überhaupt ko-

„Stecke ich diesem unverschämten Falschparker die Knolle nun an die neue, komfortable Hinterachse, den neuen FIRE-Motor oder die neuen Lochfelgen?"

Fiat Panda. Die noch tollere Kiste.

Die Knolle (oder auch: der Knollen, das Knöllchen) ist ein äußerst seltenes Gewächs auf dem Panda. Denn erstens ist er mit 341 Zentimetern zu kurz, um keinen legalen Parkplatz zu finden. Und zweitens versprühen Panda-Fahrer im allgemeinen jenen weltstädtischen Charme, dem sich auch eisige Politessenherzen nicht verschließen können. Womit nicht gesagt sein soll, daß der Panda nur für die Stadt geschaffen ist. Nein, auch auf unseren Schnellstraßen erfreut er allerorts die Herzen: 138 km/h Spitze! Bei dem mickrigen Verbrauch des FIRE-Motors und nur 8 Stunden Wartung auf 100.000 Kilometern bleibt die Freude bei Tankwarten und Mechanikern allerdings stark gedämpft.

Fiat Panda 750 L,
DM 10.520,-*

Fiat Panda 1000 CL,
DM 11.230,-*

Fiat Panda 4 x 4,
DM 15.990,-*

*Unverbindliche Preisempfehlung zuzüglich Überführung.

FIAT

misch. Laß uns diese Fahrt verschieben. Es würde unbekömmlich.

Weil Dario in seiner Massenhaftigkeit mit einer Umarmung auf Regina eindrang, um ihr Leiden zu lindern, richteten ihre Füße einen Pedalsalat an und das Auto machte einen Satz, Regina rief: Wir fahren! Wir fahren ja! Gut beobachtet, lobte Dario Faust vergnügt.

Muß ich jetzt einfach den Motor wieder abstellen oder was ist los? Wo ist die Bremse? Regina brauchte keine Antworten mehr. Ein Lieferwagen kam ihr rückwärts entgegen. Regina steuerte scharf rechts vorbei und landete, während sie wie durch ein Wunder wußte, wo die Bremse war, unmittelbar an seinem Heck. ER war wie für Regina erfunden. ER glich einer blanken Lackschachtel. Endlich kein überall abgerundetes Auto, sondern eckig, kantig. Kein Chrom, ohne Aufkleber und schon in der Idealfarbe, also schwarz. Fiat Panda, sagte Regina, nachdem sie benommen ausgestiegen war.

Der Lieferwagenfahrer und Regina kamen überein, die Polizei müsse nicht gerufen werden. Der Lieferwagenfahrer war schuld, und mit dem Panda-Besitzer wollte er sich wegen des verschrammten Hecks in Verbindung setzen. Notieren von Adressen, Versicherungsnummern, Kfz-Zeichen. Wir regeln das unter uns. Auf der Stoßstange von Reginas Auto sah man kaum einen Kratzer. Naturtalent, kommentierte Dario Faust, dein Fahrlehrer hat recht. Fußkrank, in grimmig guter Laune trottete der Geistesmensch einen halben Schritt hinter Regina her, zurück in Frau Körners Haus und dort treppauf, Ziel: Reginas Couch, denn Regina hatte erklärt, für heute habe sie vom Autofahren genug. Ich stehe vielleicht ein bißchen unter Schock, was meinen Sie? Der Lieferwagenfahrer meinte das auch und übernahm es, Reginas Auto hinter dem Fiat Panda zu parkieren.

Regina liebte ihr Auto sehr. Oft setzte sie sich hinters Steuer und dachte: Diese kleine Welt, das Darinsein genügt. Das Anschauen tut gut. Der Panda-Besitzer hatte nur zu gern mit ihr getauscht, an seinem leicht beschädigten Auto hing er nicht besonders. Erst recht zufrieden war Regina. Das etwas ramponierte Ideal machte unvergleichlich glücklicher als der unversehrte Kompromiß.

„Was ist denn das für eine Kiste?"

Der neue Fiat Panda Super.

Wen es jetzt nach einem innen wie außen eleganten, sparsamen und leisen Auto gelüstet, dem sei ein Besuch beim Fiat Händler wärmstens empfohlen. Der neue Panda Super ist da. 4,8/6,7/7,1 Liter Super bei 90/120 km/h/ Stadtverkehr (Vergleichswerte DIN 70030-1). 14% weniger (1) als der sparsame 82er Panda. Grund: 5 Gänge (4). Deshalb auch viel leiser (5). 140 km/h Spitze, 33 kW/45 PS (DIN). Man sitzt bequem auf neuen, dicken Polstern und bestaunt elektrische Scheibenwascher (2), die neue Heizung (3), Bouclé-Teppiche, getönte Scheiben u. v. a. m. Man freut sich über die günstige Finanzierung oder die nicht minder günstigen Leasingbedingungen der Fiat Kredit Bank und die 6 Jahre Gewährleistung gegen Durchrostungs-Schäden. Die auch dann gelten, wenn der Panda jeden Morgen ausgegraben werden muß.

Neu:

Wem gehörte das Auto? Der Nachtwächter spähte ins Büro. Der Chef saß am Schreibtisch und ging mit einem Rotstift durch die Kalkulation.

Fiat Panda. Die tolle Kiste.

9.690 Mark (unverbindliche Preisempfehlung der Fiat Automobil AG ab Kippenheim/Baden): sparsam in der Anschaffung. 896 cm³-Motor, 33 kW/45 PS, Spitze 140 km/h. 5,8/7,5/8,4 Liter Super bei 90/120/Stadtverkehr (Vergleichswerte nach DIN 70030-1), Testdurchschnitt ADAC-Motorwelt 5,7 Liter: sparsam im Verbrauch. 6 Jahre Gewährleistung gegen Durchrostungs-Schäden, Kaskoklasse 12/12: sparsam im Unterhalt. Gürtelreifen, getönte Scheiben, Verbundglas-Frontscheibe, Heckscheibenwischer, 7fach verstellbare Rückbank – serienmäßig. „Dem Chef macht das Sparen offensichtlich Spaß", dachte der Nachtwächter.

BEULEN UND KÜSSE
PETER PRANGE

Der Autofriedhof an der B 27 war in tiefe, nächtliche Schatten getaucht. Längst hatten die Arbeiter Feierabend gemacht, und hinter der hohen Mauer, die das Gelände von der Straße trennte, herrschte lautlose Stille. Nur hin und wieder fuhr draußen ein Auto vorbei, während der Wachmann ein letztes Mal den Lichtkegel seiner Lampe über den Platz gleiten ließ. Stumm und blöde standen sie da, die alten, ausrangierten Wagen. Zerbeult, verrostet, zu nichts mehr zu gebrauchen. Der Wachmann knipste seine Lampe aus und wandte sich ab. Keine besonderen Vorkommnisse. Am Himmel blinkten die Sterne.

Kreischend schloß sich das Tor hinter ihm. Kaum aber waren seine Schritte verhallt, als plötzlich Unruhe hinter der Mauer entstand, eine seltsame, zunächst zögernde, dann stetig wachsende Geschäftigkeit, die bald den ganzen Hof zwischen dem Verwaltungsgebäude und dem schwarzen, turmhoch in den Himmel ragenden Schrotthaufen erfüllte. Mit platten Reifen und gebrochenen Achsen, mit müden Stoßdämpfern und leeren Batterien rückten die alten Wagen zusammen, formierten sich in geheimer, unerklärlicher Ordnung, stöhnend und ächzend, bis sie in einem einzigen Kreis zusammenstanden, Kühler an Kühler, Stoßstange an Stoßstange.

Es war die Nacht vor dem großen Crash. Morgen früh, in weniger als zwölf Stunden, würden sie alle gleich sein. Dann würde es keine Limousinen und Kombis mehr geben, keine Typen und Marken, keine Rallye-Streifen und Heckspoiler. Nur noch ein mal ein Meter große Pakete aus Blech und Stahl, zusammengequetscht von einer erbarmungslosen, kraftstrotzenden Schrottpresse. Auch wenn sie es nicht wahrhaben wollten... Der rosafarbene Cadillac, der mit seinen Chromleisten und Blenden immer noch aufgedonnert war wie eine Hollywood-Diva. Oder das französische Cabrio, das mit offenem Verdeck und leuchtenden Scheinwerfern von seinen Fahrten entlang der Côte d'Azur erzählte. Oder die dicke Staatskarosse mit dem Stern auf der Kühlerhaube, in deren Fond angeblich das Schicksal ganzer Nationen entschieden worden war. Sie schwelgten und schwärmten, prahlten und logen, verstiegen sich in Luftschlösser der Erinnerung und sinnlose Träume von der Zukunft. Und alles nur, um zu vergessen, daß mit jedem Wort, mit jedem Satz die Zeit voranrückte, gleichgültig und unerbittlich...

Nur einer hielt sich zurück beim letzten Palaver vor dem großen Crash – ein kleiner Italiener. Er war besonders übel zugerichtet. Seine Nase war so platt wie die eines Boxers, der jahrelang im Ring gestanden hat, und seine Kotflügel sahen aus wie Blumenkohl. Er mußte Schlimmes durchgemacht haben. Dabei war er noch so jung... Wortlos stand er da, kaum so groß wie die Motorhaube des Cadillacs, ein wenig abseits, im Schatten eines Bulldozers, und ließ nur ab und zu ein schwaches Blinklicht leuchten.

Neugierig beäugte man ihn aus der Ferne. Seine Karosserie war über und über mit Schlamm bespritzt. Spuren einer wilden Fahrt... Was war mit ihm passiert? Welch fürchterliches Schicksal hatte er gehabt? Ein verrosteter Japaner hielt es nicht mehr aus und schaukelte mit quietschenden Blattfedern an ihn heran. Der kleine Italiener sträubte und wehrte sich. Nein! Nein! Er wollte nicht. Er wollte allein sein in dieser Nacht, allein mit sich und seinen Gedanken... Doch man ließ ihm keine Ruhe. Zwei Vespas sausten um ihn herum wie Hütehunde um ein verlorenes Schaf, und ein Pritschenwagen fing an, ihn vor sich herzuschubsen. Schließlich fügte sich der kleine Italiener. Er tat einen resignierten Seufzer, und während sich sogar der rosafarbene Cadillac herbeibequemte, begann er zu erzählen...

Beulen und Küsse – das war mein Leben... Ah, was für ein schönes Leben! Ich erinnere mich noch wie heute an den Tag, als ich im Schaufenster von Autohaus Hoffmann stand, im Frühjahr 1980, strahlend in meiner feuerroten Lackierung und gleichzeitig ein bißchen nervös, in Erwartung meines ersten Besitzers. Ich platzte fast vor Stolz auf meine Luxusausstattung, den stufenlos verschiebbaren Aschenbecher, das zweiteilig aufklappbare Faltdach, die siebenfach verstellbare Rückbank... Wer würde in den Genuß all dieser Herrlichkeiten kommen? Am attraktivsten erschien mir eine Zukunft als Zweitwagen. Scheckheftgepflegt! Auch eine Oberprimanerin mit reichem Papa war mir recht, ebenso ein junges Paar ohne Kind oder ein ruhiger Rentner. Daß ich es aber so großartig antreffen sollte, wie ich es tat, hätte ich mir nicht träumen lassen...

Die Sache war die: Gleich nach Geschäftsbeginn betrat ein kleiner Herr im dunklen Anzug den Autosalon. Ohne nach links und rechts zu schauen, kam er auf mich zu, betrachtete mich einmal von vorn, einmal von hinten, legte Schirm und Hut ab, öffnete die Aktentasche und blätterte zehntausend Mark bar auf den Tisch des Hauses. Ich staunte nicht schlecht! Trotz seines Jahresgehaltes von 250.000 DM sah Herr K. – so hieß mein erster Besitzer – keine Notwendigkeit, mehr als 700 kg Auto mit in die Firma zu nehmen, zumal er mich genau von dem Betrag finanzieren konnte, den er bei der letzten Steuerreform eingespart hatte.

Als ich am Abend erstmals auf dem Firmenparkplatz stand, wäre es fast zum Großalarm gekommen. Wem gehörte das Auto? Der Nachtportier spähte ins Büro. Der Chef saß am Schreibtisch und ging mit einem Rotstift durch die Kalkulation.

Herr K. nahm das Leben fortan wesentlich leichter, und auch die Vertreter der amerikanischen Konzernleitung, die sich anfangs ein wenig wunderten, wenn ich sie am Flughafen abholte, hatten sich bald an micht gewöhnt. Immerhin war es mir zu verdanken, daß ein paar Mitarbeiter mehr eingestellt wurden, und auch, daß die Betriebs-Elf sich einen neuen Mittelstürmer leisten konnte, war nicht zuletzt mein Verdienst.

Peinlich waren nur die Auftritte an der Tankstelle. »Na, sieht man Sie auch mal wieder?« eröffnete der Tankwart, ein magenkranker, mißgünstiger, nur auf sein eigenes Wohl bedachter Mensch, regelmäßig das Gespräch. Als Entschädigung für die mickrigen Tankrechnungen gewöhnte Herr K. sich an, großzügige Trinkgelder zu geben...

So hätte es von mir aus bleiben können – bis in alle Ewigkeit! Nichts aber vergeht so schnell wie die Tage der Sorglosigkeit, und bald sollte ich erkennen, was für ein rauher Wind in der Wirtschaft weht. Nach zwei Jahren Einsatz als Geschäftswagen war ich abgeschrieben, und ohne langes Federlesen wurde ich verkauft. Natürlich an Privat.

Ich gelangte in den Besitz einer Landtagsabgeordneten, einer von diesen modernen jungen Frauen, die den

Trotz eines Jahresgehaltes von 250.000 DM sieht Herr K. keine Notwendigkeit, mehr als 700 kg Auto mit in die Firma zu nehmen.

Fiat Panda. Die tolle Kiste.

 Gewicht (vollgetankt): 700 kg. Zulässiges Gesamtgewicht 1150 kg. Klassenbester. Außenlänge: 3,38 Meter. Innenlänge (Frontscheibe — Rückbanklehne): 1,78 Meter. Klassenbester. 33 kW/45 PS, Spitze ca. 140 km/h. 0–100 km/h in 19,1 Sek. Leistungsgewicht: 15,6 kg/PS. Kein Plüsch, kein Chrom. Aber Platz für 5 und 272 Liter Gepäck. 3 riesige Ablagefächer. 4 Ausstellfenster. 5 Sicherheitsgurte. 6 Jahre Garantie gegen Durchrostungs-Schäden. Schutzschilde vorn und hinten. Kopfstützen vorn. Abknöpfbare Stoffbezüge, leicht zu reinigen. Wirtschaftlich. Verbrauch (Super nach DIN 70030-1): 5,8 l bei 90 km/h, 7,5 l bei 120 km/h, 8,4 l im Stadtverkehr. 7fach verstellbare Rückbank. Zum Beispiel Kinderwiege, Einkaufswagen, Lastwagen, Doppelbett: Falls Sie mal ein freies Wochenende haben.

FIAT

Club of Rome nicht für eine neue, heiße Disco halten und am liebsten selbstgestrickte Pullover und Gesundheitssandalen tragen. »Sparsam sein«, hatte sie in ihrer Dissertation geschrieben, »ist nicht in erster Linie eine nationalökonomische Funktion, sondern eine menschliche Haltung.« Wie wahr! Während des Urlaubs erfuhr sie im Radio, sie sei einstimmig für den Vorsitz einer Energiesparkommission vorgeschlagen. Unter Verausgabung meiner letzten Kräfte brachte ich sie zurück in die Landeshauptstadt. Scheveningen-Stuttgart in weniger als sieben Stunden! Kaum aber war sie gewählt, bekam sie einen Dienstwagen mit fünf Liter Hubraum und dreihundert PS, und ihr anthroposophisch orientierter Sekretär inserierte mich in der Samstagsausgabe der Lokalzeitung.

Die sechs folgenden Wochen waren ein einziges Fegefeuer. Der katholische Pfarrer, der das Inserat durch eine unerforschliche Fügung des Schicksals entdeckte, hatte an und für sich ein sehr sachliches Verhältnis zu weltlichen Dingen – nur beim Autofahren verließ er sich ausschließlich auf den Beistand des Himmels. Eine neue Motorhaube und eine neue Hecktür waren das Ergebnis sowie die Einsicht des Geistlichen, sich für die restliche Zeit, die ihm auf Erden beschieden war, öffentlichen Verkehrsmitteln anzuvertrauen.

Nicht viel besser, wenn auch aus anderen Gründen, erging es mir mit einem in der Nachkriegszeit überaus erfolgreichen Autorennfahrer, der schon immer von einem roten italienischen Flitzer geträumt hatte, sich jedoch nicht mit meiner eingebauten Richtgeschwindigkeit von 130 km/h anfreunden wollte. So war ich heilfroh, als mich endlich eine sympathische, obwohl fünfköpfige Familie in ihren Schoß aufnahm. Die Ritters hatten beschlossen, beim Bau ihres Hauses die Garage etwas kleiner, dafür das Kinderzimmer etwas größer anzulegen.

Nun begann eine glückliche Zeit, während der ich abwechselnd als Last- und als Kinderwagen diente. Gut erinnere ich mich noch an eine Fuhre vor dem Richtfest, das mit Zustimmung von Susi, Max und Otto statt in der Garage im Kinderzimmer gefeiert wurde: 3 Sack Düngetorf, 1 Schweinehälfte, 2 Kästen Bier, 5 Kästen Stiefmütterchen, 2 Riesenpackungen Baby-Windeln und – zur Feier des Tages – 100 Gramm deutschen Kaviar.

Am schönsten waren die Sonntage. Egal, welches Wetter draußen herrschte: sonntags ging es hinaus in die Natur. Picknicken und Baden! Dann kam der Stuttgart-Baggersee-Expreß zum Einsatz. Weniger erfreulich war allerdings das Einlaufen in den Heimatbahnhof. Herr Ritter war zwar ein weithin anerkannter Pädagoge, doch leider auch ein ebenso miserabler Autofahrer. Aufgrund seines alternativen Fahrstils war die Garage oftmals selbst für mich zu klein, obwohl Susi, Max und Otto, auf Motorhaube, Dach und Hutablage verteilt, mit Rat und Tat ihren Vater unterstützten. Die Ritters vermehrten sich, wie es sich für eine Familie mit pädagogischen Grundsätzen gehörte. Susi, Max und Otto sollten doch Kameraden zum Spielen haben! Dafür hatte niemand mehr Verständnis als ich – trotz aufgeschlitztem Fahrgasthimmel und durchgescheuerter Sitzbezüge. Als sich aber Frau Ritters Bauch zum siebten Mal unter ihrem geblümten Kleid zu wölben begann, ging es beim besten Willen nicht mehr. Oh, was flossen beim Abschied die Tränen! Ein Dutzend kleiner, unschuldiger Händchen streichelte mich, und Susi schluchzte ein ums andere Mal, bestimmt würden wir uns bald, bald wiedersehen... Sie konnte ja nicht wissen, wie recht sie damit hatte!

„Wenn er nicht bald ein Mädchen mit nach Hause bringt, müssen wir ihm das Auto wieder abnehmen."

Fiat Panda. Die tolle Kiste.

Viele haben nur noch Augen für ihren Panda 45. Für die praktischen Kunststoff-Schutzschilde, für Flankenschutz, getönte Scheiben rundum, Verbundglas-Frontscheibe, heizbare Heckscheibe. Unterwegs ist nichts ferner als das andere Geschlecht, nichts näher als die 33 kW/45 PS und 140 km/h Spitze. Auch das Tanken ist ein Erlebnis: 5,8/7,5/8,4 Liter Super bei 90/120 km/h/Stadtverkehr (DIN 70030-1, Vergleichswerte). Aber man sollte nicht allein drinsitzen: 5-Sitzer, 7fach verstellbare Rückbank. Da würde manches Mädel gern mitfahren.

Ich glaube, jetzt ist es an der Zeit, daß ich ein paar Worte über meine siebenfach verstellbare Rückbank verliere. Denn sie sollte entscheidenden Einfluß auf das Schicksal eines jungen Mediziners namens Bernd nehmen. Und auf das meine leider auch.
Von Natur aus war Bernd eher schüchtern. Blaß, mit geröteten Augen hinter dicken Brillengläsern, saß er von morgens bis abends über seinen Büchern, kaute Fingernägel und bereitete sich auf das zweite Staatsexamen vor. Damit er unter die Leute kam, beschlossen seine Eltern, ihm ein Auto zu kaufen.
Bernd hatte zu Autos überhaupt kein Verhältnis. Das war wohl auch der Grund, weshalb er sich für mich entschied. Falls er überhaupt etwas an mir schätzte, war es mein Lenkrad. Er gebrauchte es während der Fahrten zwischen Wohnung und Universität als Buchstütze, um die Zeit auf die für ihn einzig sinnvolle Weise zu nützen. Sein Verhältnis zu mir änderte sich erst, als Britta in unser Leben trat.
Es war in einem ganz bestimmten Monat des Jahres 1988. Britta hatte sich vorgenommen, sich in diesem Mai unter keinen Umständen zu verlieben – ein Vorsatz, den sie zweifellos ausgeführt hätte, wäre sie nicht mit ihrem Geländemotorrad auf der Autobahn Stuttgart-Tübingen liegengeblieben. So aber kam alles ganz anders.
Bernd sah sie, als er für eine Sekunde von seinem Lehrbuch der Anatomie aufblickte. Sofort schlug sein ärztliches Ethos Alarm. Da war ein Mensch in Not! Mit einer Vollbremsung brachte er mich zum Stehen.
Im Handumdrehen war die Rückbank vorgeklappt und das Motorrad verstaut. Als Britta den Helm abnahm, flutete ihr Haar in blonden Locken auf ihre Schultern herab. Bernd schluckte, drehte den Zündschlüssel herum

Die Bienen summten, die Bäume schlugen aus, und durch das Faltdach beobachteten wir die Wolken am blauen Himmelszelt....

Fiat Panda. Die tolle Kiste.

Panda Primavera: Wen's ins Blaue oder Grüne zieht (auch nach dem Mai), der nehme 3,38 Meter Auto, 33 kW/45 PS, fahre bis zu 140 km/h, nehme nicht mehr als 5,8/7,5/8,4 Liter Super bei 90/120 km/h/ Stadtverkehr (Vergleichswerte DIN 70030-1). Wer's an der frischen Luft liebt, öffne 2 Faltdächer, 3 große Türen, 4 Ausstellfenster. Wer viel Platz und Ausstattung braucht, ist bestens bedient: 5-Sitzer, 7fach verstellbare Rückbank, Verbundglas-Frontscheibe, Scheiben rundum getönt, Heckscheibenheizung und -wischer. Wer rechnet, zahlt dafür nur 10.790 Mark (unverbindliche Preisempfehlung der Fiat Automobil AG ab Kippenheim/ Baden). Tanderadei!

und gab Gas. Blaß, mit geröteten Augen blickte er auf die Fahrbahn. Statt auf den Nägeln kaute er auf seiner Unterlippe. Draußen senkte sich die Abenddämmerung über das Neckartal. Dann kam der Augenblick, wo es Abschiednehmen hieß. Dachte Bernd. Britta aber wollte endlich wissen, was die umklappbare Rückbank sonst noch alles konnte...

Am nächsten Morgen wachte Bernd auf. Er lag in einem Bett. Und neben ihm lag Britta. Er wußte nicht, wie er in diese Situation gekommen war. Die Bienen summten, die Bäume blühten, und durch das offene Faltdach blickte er in einen blauen Himmel. Als er den Aschenbecher sah, der ihrem Fuß als Ablage gedient hatte, fiel ihm alles wieder ein. »Interessant«, murmelte er, »das könnte der Anfang vom Ende des Geburtenknicks sein.«

Bernd und Britta taten in der Folge alles, um der Vermutung auf den Grund zu gehen. Mehrmals täglich klappten sie die Rückbank um. Der arme Aschenbecher! In alle möglichen und unmöglichen Stellungen wurde er verschoben... Wie aber konnte es dann zwei Jahre später zu jenem dramatischen Mißverständnis kommen, das uns alle aus der Bahn warf? Ich habe keine Ahnung. Vielleicht hing es damit zusammen, daß Bernd inzwischen anstelle einer Brille Kontaktlinsen trug, keine Nägel mehr kaute und regelmäßig das Bräunungs-Studio in der Einkaufspassage besuchte. Vielleicht war es aber auch gar kein Mißverständnis, sondern nur dramatisch.

Es geschah an einem Sonntag. Um sechs Uhr kam Britta ins Krankenhaus, wo Bernd seit ein paar Wochen als Stationsarzt arbeitete. Sie waren verabredet. Doch wieder einmal war der junge Stationsarzt nicht aufzufinden. Und die hübsche Anästhesistin fehlte auch. Ein entsetzlicher, grauenvoller Verdacht stieg in Britta auf. Mit klopfendem Herzen eilte sie ans Fenster und blickte in den Hof. Das Auto samt Rückbank war fort!

Bester Laune kam Bernd das Treppenhaus herauf. Er kämmte gerade mit der einen Hand sein Haar und machte sich mit der anderen ein paar Knöpfe zu, als er Britta begegnete. Ihr Gesicht sagte alles! Ohne ein Wort rannte sie an ihm vorbei, die Treppe hinunter und verschwand hinaus auf die Straße. Bernd zögerte keinen Augenblick.

Zum Glück hatten wir ausnahmsweise vor der Notaufnahme geparkt. Schon raste Britta mit ihrer Geländemaschine die Auffahrt hinab – Bernd und ich in derselben Sekunde hinterher! Kreuz und quer durch die Stadt ging die Verfolgungsjagd. Britta begriff bald, daß sie hier keine Chance hatte, uns abzuwimmeln, und fuhr auf die Autobahn. Bernd drückte das Gaspedal bis zum Bodenblech durch. 110, 120, 130... Ich gab alles, was in mir steckte. Ich wuchs über mich selbst hinaus. 140, 150, 160... Die zwei gehörten zusammen! Sie liebten sich doch! Wenn einer das wußte, dann ich! 165, 170, 175... Langsam, ganz langsam kamen wir heran.

Plötzlich zuckte ein Blitz am Himmel, der Donner krachte, und im nächsten Augenblick ging ein fürchterlicher Regen nieder. Bernd dachte nicht daran, das Faltdach zu schließen. In wahren Sturzbächen rann das Wasser an ihm herab. Er aber merkte es nicht. Wie hypnotisiert starrte er durch die Windschutzscheibe, den Blick unbeirrbar auf ihr Hinterrad gerichtet.

Was war das? Das war nicht fair! Mit einem Mal, ohne zu blinken, schoß Britta nach rechts in den Wald hinein. Verzweifelt riß Bernd das Steuer herum. Für einen Moment verloren wir die Orientierung. Wo war sie? Wo

Und wieder einmal war der junge Stationsarzt nicht aufzufinden.

Fiat Panda. Die tolle Kiste.

„Seit er dieses Auto hat", schimpfte sein Vater, „kommt er zu jeder Operation zu spät." Er selber aber war es, der ihm den roten Panda zur gelungenen Nasenkorrektur der Kurfürstin geschenkt hatte. Jetzt lag sein Sohn auf der 7fach verstellbaren Rückbank seines Panda, umgeben von getönten Scheiben, einem verschiebbaren Aschenbecher, einem 45-DIN-PS-Motor (33 kW), einer geheizten Heckscheibe mit Wischer/Wascher und genoß die Natur. „Und die hübsche Anästhesistin fehlt auch", zürnte derweil der Vater weiter. Aber insgeheim dachte er: „Ich glaube, ich kaufe mir auch so ein Gefährt. Gerade jetzt, da es das Sondermodell Trio davon gibt."

 effektiver Jahreszins, ohne Anzahlung, 36 Monate Laufzeit. Ein Angebot der Fiat Kredit Bank.

 Fiat Panda 34/34 Trio, DM 9.790,–*/9.999,–*

 Fiat Panda 45 CL/45 S, DM 10.400,–*/11.500,–*

*unverbindliche Preisempfehlung zzgl. Überführungskosten.

Die Einführung des geregelten 3-Wege-Katalysators bei 1-Liter-Motoren wurde von den Grünen mit großer Begeisterung aufgenommen.

Fiat Panda. Die tolle Kat.-Kiste.

Alle Leute sollten einen Panda mit Katalysator,...

...Lambda-Sonde und Aktiv-Kohlefilter fahren.

Astrein.

Außerdem sind alle Panda mit Kat. steuerbefreit.

Was? Ohne Lenkrad?

Quatsch. Kfz-Steuerbefreit. Bis zu 1.100,– DM.

Also doch ohne Lenkrad.

Du hast wohl einen in der Krone.

Auch der Wald würde Panda wählen und Kat. fahren. Denn mit ihm ist es erstmals gelungen, einen geregelten 3-Wege-Katalysator mit Lambda-Sonde und Aktiv-Kohlefilter (KVRS) in eine kleine Kiste mit 986 cm³ Hubraum und 45 PS/33 kW einzubauen. Damit erfüllt der Panda 1000 L i.e. Kat. in puncto Sauberkeit die scharfe US-Norm und unterschreitet sie in puncto Außenlänge mit 341 cm sogar erheblich. Auch für die Innenausstattung haben wir weder Regenwälder abgeholzt noch Rinder abgezogen. Auf Wurzelholz und Conolly-Leder wurde bewußt verzichtet. Dafür bekommen Sie nach den Plänen der Bundesregierung DM 1.100,– Steuerbefreiung für einen Panda mit Kat. Was auch nicht schlecht ist. Noch mehr Panda gibt's zum Ortstarif unter 0130/2285 oder beim Fiat Händler.

Fiat Panda 1000 L i.e. Kat., DM 11.990,–*

*unverbindliche Preisempfehlung ab Kippenheim/Baden.-

Auch ohne Moos geht's los: 0 Anzahlung, 4,9% effektiver Jahreszins, 46 Monate Laufzeit (Finanzierungsangebot der Fiat Kredit Bank).

war Britta? Da! Dort drüben! In mächtigen Sätzen, wie ein fliehendes Pferd, jagte sie den Waldweg entlang, über Bodenwellen und Schlaglöcher hinweg. Ich hörte, wie Bernd laut anfing zu beten. Ich vergaß mein Alter, meine letzte Inspektion. Meterhoch spritzten Wasser und Dreck von meinen Reifen. Die Ölwanne setzte auf, eine Radkappe platzte ab. Egal! Nur weiter! Immer weiter...
Da passierte es! Blitzschnell, im Bruchteil einer Sekunde... Und doch, wie so oft in Augenblicken höchster Gefahr, schien es, als entwickle sich alles ganz langsam und stetig im ewig gleichen Fluß der Zeit. Im Laufschritt kam eine Horde Menschen aus einer Lichtung gerannt – direkt auf uns zu! Sie hatten eine große Plane über den Köpfen und Picknickkörbe an den Armen. Ich erkannte sie gleich! Ich erkannte sogar, daß Frau Ritter, die zusammen mit der kleinen Susi die Spitze bildete, unter ihrem geblümten Kleid schon wieder schwanger war...
Ich blieb ruhig, vollkommen ruhig. Ich tat, was ich tun mußte. Dann war alles wie im Traum. Wie im Traum hörte ich den Aufschrei der Ritters, wie im Traum sah ich die Böschung auf mich zukommen, den Strommasten, den Baumstamm... Mein Gott! War Bernd überhaupt angeschnallt? Bevor ich es feststellen konnte, gab es ein Geräusch, als berste die Erde unter uns: ein einziges, gewaltiges, ohrenzerreißendes Kreischen und Krachen, Donnern und Dröhnen, Klirren und Knallen.
Plötzlich herrschte Stille, eine gefährliche, unheilvolle Stille. Ich hatte nur einen Gedanken. Bernd! War er verletzt? War er tot? Ich wagte kaum, ihn anzuschauen. Blaß, nein bleich, lag sein Kopf auf dem Lenkrad. Eine feine Blutspur rann an seiner Schläfe herab, während draußen der Regen auf das Wagenblech trommelte. Bernd – armer Bernd...

Es klopfte am Fenster. Britta stand da, das blonde Haar klebte in nassen Strähnen an ihrem Kopf. In ihren Augen stand Angst, Schrecken, Verzweiflung. Sie versuchte, die Tür aufzureißen. Aber das Schloß klemmte. Sie zog und zerrte, rüttelte und stieß... Die Tür saß fest. Wie um sie zu verspotten, begann Bernds lebloser Körper sich unter ihren Anstrengungen zu bewegen, hin und her. Sein Kopf rollte herum, er schlug die Augen auf. Er schlug die Augen auf? Ja! Er schlug die Augen auf, und als er Britta durch die verschmierte Windschutzscheibe sah, trat ein schwaches Lächeln auf sein bleiches Gesicht.

Ich aber hörte nur noch Susis Stimme rufen: »Mama, Papa, Max, Otto... Los! Hierher! Kommt alle her!«

Dann wurde es schwarz um mich herum. Erst am Haken des Abschleppwagens wachte ich wieder auf...

Die Nacht war vorangeschritten, am Himmel graute der Morgen. Tau perlte auf den alten, zerbeulten, vom Rost angenagten Karosserien der Autos, die in einem großen Kreis auf dem Hof des Schrottplatzes zusammenstanden.

Kreischend öffnete sich das Tor zur Straße. Auf der B 27 waren schon viele Autos unterwegs, wie jeden Morgen, um ihre Besitzer zur Arbeit zu bringen. Fröstelnd in ihren Anzügen und Overalls, Aktentaschen und Thermosflaschen unterm Arm, tröpfelten die Arbeiter und Angestellten der Autoverwertungsfirma durch das Werkstor und verschwanden im Verwaltungsgebäude oder in einem der Schuppen.

Motoren heulten auf. Kolben gingen stampfend auf und nieder. Dann verrichtete die Schrottpresse ihr grausames, notwendiges Werk. Erbarmungslos und gerecht, ohne Ansehen von Typen und Marken, verwandelte sie alle in ein mal ein Meter große Pakete aus Blech und

„Tja", sagte der alte Oberförster, „auf der letzten Pirsch stand ein großes Tier auf der Lichtung. Aber ehe ich mich heranrobben konnte, verschwand es sehr schnell Richtung B 27. Möchte wissen, was es war."

Fiat Panda. Die tolle Kiste.

 140 km/h schnell. 33 kW/ 45 PS stark. 3,38 m kurz. Innen riesig: 1. Der Fünfsitzer: alle Sitze in Normalstellung. 2. Der Schlafwagen: alle Lehnen flach (s. Skizze). 3. Der Kinderwagen: Rückbank in V-Form. 4. Der Einkaufswagen: Rückbank vorklappen. 5. Der Lastwagen: Rückbank raus – 1088 l Laderaum. Schutzschilde: 4-km/h-Aufprall ohne Flurschaden. Flankenschutz. 4 Ausstellfenster. 5 Sicherheitsgurte. 6 Jahre Gewährleistung gegen Durchrostungsschäden. „Es gehört keine Sehergabe dazu, dem kleinen Panda eine sichere Zukunft vorherzusagen." Schreibt 'auto, motor u. sport'.

FIAT

Stahl: das französische Cabrio, die unscheinbaren Japaner, den rosafarbenen Cadillac...
Und schließlich rollte der Gabelstapler auch zu dem kleinen, roten Italiener, dessen Nase so platt war wie die eines Boxers und dessen Kotflügel aussahen wie Blumenkohl, und nahm ihn auf seine zwei großen, blanken Zinken, um ihn der letzten Verwertung zuzuführen. Schon schwankte der kleine Wagen bedrohlich in der Luft, als der Gabelstaplerfahrer plötzlich stutzte. Nachdenklich zog er an seiner Zigarette und betrachtete die eckige Kiste, die er da vor sich aufgespießt hatte. Dann legte er den Rückwärtsgang ein, und so behutsam er konnte, ließ er die Kiste wieder zu Boden. Er hatte beschlossen, sie zu Hause im Garten aufzustellen. Als Wigwam für seine Kinder.

Ich war eine Dose. Du auch?

Fiat Panda. Die tolle Kiste.

Ein Panda wird selbstverständlich aus erlesenem Stahlblech und feinsten Kunststoffen modelliert, niemals aus Recycling-Material. Trotzdem kommt es ob seiner klassischen Form immer wieder zu Verwechslungen. Für solche Fälle haben wir den Panda 750 L Plus von vornherein mit 2 Türen ausgestattet – was Ihnen das umständliche Hantieren mit dem Büchsenöffner erspart. Ist er einmal offen, geht es ans Eingemachte. Was in dieser 125 km/h schnellen und 341 cm kurzen Rotblechdose steckt? Lebensmittelrechtlich unbedenkliche 25 kW/34 PS (weil bleifrei Super). Als Kampfansage an alle Mogelpackungen dieser Welt bietet er außerdem zentnerweise Extras wie Kupplung, Getriebe, Bremsen usw. Fazit: Der Stoff, aus dem die Pandas sind, ist zum Wegwerfen viel zu schade.

1980	1981	1983	1988
1 Dose Ravioli 0,79 DM, gesehen bei Aldi	1 Blechtrommel 9,50 DM, gesehen im Kino	1 Schubkarre 129,– DM, gesehen bei Samen-Erich	1 Panda 750 L Plus gesehen bei Ihrem Fiat Händler

FIAT

NACH DEM ABITUR
ULLA HAHN

I. Wir hatten das Reifezeugnis in der Tasche und dies entsprechend gefeiert. Unsere Eltern, bei denen wir noch lebten, wohnten in einem Umkreis von etwa vierzig Kilometern verstreut in bergischen und rheinischen Dörfern und Kleinstädten.

Clas war der umschwärmte Mittelpunkt jeder abendlichen Zusammenkunft.

An seinem achtzehnten Geburtstag hatte ihm der Vater den üblichen Scheck oder einen Wiegeautomaten aus der laufenden Produktion angeboten. Clas hatte sich für letzteres entschieden. Von der Sucht des Menschen nach faßbarem, meßbarem Wissen über sich und die Welt, von seiner naiven Lust am Umgang mit Maschinen profitierte nun auch er. Woche für Woche ging ein Groschenregen auf ihn nieder wie das Gold in Sterntalers Hemdchen. Binnen kurzem reichte es für eine zweite Waage. Dann kaufte Clas aus zweiter Hand sein erstes Auto. Es war ein Lloyd, ein Plastikbomber.

Clas, gutaussehend, witzig, zungen- und schlagfertig, war schon als Radfahrer beliebt gewesen. Als Autobesitzer stellte er jeden in den Schatten, besonders nach Sonnenuntergang, wenn auf dem Land keine Busse und Straßenbahnen mehr fuhren. An diesem Abend hatten wir drei Klassenkameraden bereits vor bergischen Haustüren abgesetzt, als wir auf der Landstraße ins Rechtsrheinische von einer Polizeistreife angehalten wurden. Clas mußte blasen; das ging glimpflich ab. Wir brauchten kaum Alkohol, um miteinander vergnügt zu sein. Doch irgend etwas war dem Beamten nicht geheuer.

Aussteigen, sagte er. Alle! Schon während Clas mit dem Röhrchen hantierte, hatte sich im Wageninnern trappistische Stille ausgebreitet. Als erster rührte sich Clas. Normalerweise warf er, mit dem Schwung einer Diva im Film vorm Hotel, die langen Beine aus der Tür und schob dann den Rest, den Kopf zwischen den Schultern wie ein beleidigter Marabu, nach. Er war 1,92 m groß und wog laut Pappkärtchen aus einem Automaten exakt 89,7 kg. Sein Ausstieg glich jedesmal einer Gefangenenbefreiung. Als ich nach der Öffnung der Berliner Mauer die ersten Trabis auf unseren Straßen sah, ging mir dauernd Clas' geduckte Gestalt am Steuer im Kopf herum. Normalerweise also beherrschte er den eleganten Start in die Freiheit perfekt, jetzt jedoch begnügte er sich damit, das linke Bein bis an die Nase hochzuziehen. Ich verstand und kroch, Hände und Kopf voran, wobei sich der Petticoat hochstellte wie eine riesige Halskrause, zwischen Kupplung, Bremse und Gaspedal hervor aufs Pflaster. Dann entfaltete Clas seinen Körper in die Nachtluft, danach bäumte sich ein Knäuel Gliedmaßen, die sich drei männlichen Leibern zuordnen ließen, aus der rechten Tür, dann klappte einer die rechte Rückenlehne herunter und rückte den Sitz nach vorn. Da rief der erste Polizist den zweiten aus dem Streifenwagen: Jupp! Es klang wie Hilfe.

Fünf, sagte der erste zu dem zweiten, als könne der nicht bis drei zählen.

Beide Türen standen nun offen, Clas legte auch noch den Fahrersitz um, scharf bremsend hielt ein Auto an, ob er helfen könne, fragte der Fahrer.

Fünf, sagte der zweite Polizist und reckte den Zeigefinger am ausgestreckten Arm in die Nacht.

Maria, komm mal her, rief daraufhin der Fahrer in den Borgward, aber laß die Oma drin. Fünf, sagte er sodann zu einer mächtigen, rotgesichtigen Dame, deren Schweißgeruch aus dem zu eng gewordenen Strickjäckchen ein milder Nachtwind in den Kohlduft der Felder mischte. Fünf! Und da sind noch mehr drin! Ignatius, Norbert, Klaus und Paul preßten sich mit angezogenen Knien auf der Hinterbank. Aus dem unteren Zwischenraum wanden sich Kurt und Hans und ließen sich wie die Türken im Gedicht zur Rechten und Linken niedersinken, dann faßten die restlichen Fuß.

Nä, nä, sagte die dicke Dame, dat jibbet doch nit, dat jibbet doch nit. Josef, laß dat auch die Oma kucken. Worauf der Mann ein altes Mütterlein aus dem Schlaf riß, das jedoch die Lage nicht zu erfassen vermochte und anklagend fiepste: Laß mer nach Hause fahren, Maria, mer han hier nix verlore.

Inzwischen hatten sich die Polizisten, nach einigem Hin und Her – mal zählte der eine die Oma mit, mal wurde ich als Mädchen vergessen – darauf geeinigt, elf Personen in einem Lloyd, Baujahr 1955, auf frischer Fahrt ertappt zu haben. Als Kind verzählte ich mich auch immer, wenn der Zauberer seine Kaninchen aus dem Zylinder zog.

Laßt se doch laufen, sagte der Mann der dicken Maria. Dat hier jlaubt euch ja doch keiner.

Das taten sie dann auch. Geld knöpften sie uns nicht ab, aber wir mußten sehen, wie wir nach Hause kamen. Mich fuhr Clas.

II. Nach dem Abitur. Die drei Wörter waren zu einem Sesam-öffne-dich für das reife Leben geworden. Nach

Er würde wohl nie ein durchschnittlich guter Deutscher werden. Obwohl er mit Schuhgröße 42 1/2 und einem jährlichen Konsum von 77,7 kg Kartoffeln gut im Rennen lag.

Fiat Panda. Die tolle Kiste.

Runde 23.600 DM zahlt der durchschnittliche Deutsche lt. Umfrage für ein durchschnittliches neues Auto. Dafür bekommt er: 4 Zylinder, 1 Lenkrad, 4–5 Gänge, 5 Räder, Aschenbecher, Tankdeckel. Der Panda-Fahrer zusätzlich: Waschmaschine, Rennmaschine, Bandmaschine, Surfboard, gebrauchtes Rennpferd und in der Regel einen Parkplatz. Denn der Panda mißt nur 341 cm und erregt so häufig den Neid suchender Nachbarn. Auch an der Tankstelle tadelnde Blicke: Nur 6,2 l Super bleifrei stillen den Durst des Panda 750 L Plus im Stadtverkehr (nach DIN 70030-1). Machen Sie Ihre Nachbarn neidisch, und leisten Sie sich ein bißchen mehr. Mit 9.990,– DM* sind Sie beim Panda 750 L Plus dabei.

*Unverbindliche Preisempfehlung ab Kippenheim

FIAT

dem Abitur wollte ich nähen, schwimmen, skifahren lernen und noch etwas anderes. Im katholischen Rheinland als evangelische Pfarrerstochter aufzuwachsen verzögert einige Aspekte der Entwicklung erheblich, vor allem den Fortschritt im Umgang mit dem anderen Geschlecht. Dieser Rückstand sollte nun aufgeholt werden. Niemand sonst kam dafür in Betracht als Clas. Er gefiel mir nicht nur, sondern konnte kraft seines Automobils auch jederzeit genügend Abstand zwischen mich und mein Elternhaus legen.

Die Dinge gediehen gut, ich lernte leidlich, ein Lätzchen mit Applikationen zu vernähen, Clas brachte mir das Schwimmen bei. Wir kamen uns nah.

Vom Skiurlaub fuhr ich mit einem glatten Wadenbeinbruch nach Haus; Clas holte mich am Bahnhof ab, trug mich in den Lloyd wie die Braut über die Schwelle und verstaute mich mit hochgelagertem linken Bein auf dem Vordersitz. Der Abend war mild, bald Mai.

Ich protestierte nicht, als Clas von der Straße in einen Feldweg abbog. Das lange Liegen mit geschientem Bein hatte meine Phantasie in Wallung gebracht und den Willen zum Fortschritt bekräftigt.

Waren es nun Engel oder Teufel, die, unter Ausnutzung der doppelt beschränkten Freiheit von Bein und Raum, meine Gipswade schon im Vorfeld des Vollzugs erhoben und aufs Armaturenbrett krachen ließen, daß die Splitter sprühten wie heiliges Feuer?

Der Gips blieb ganz, die Tugend auch — die Liebe nahm schweren Schaden.

Die Reparatur des Autos dauerte Wochen. Clas wohnte im Bergischen, ich im Rheinischen, dazwischen lag viermal Umsteigen. Am Gipsbeinbett saß die Mutter immer dabei. Als ich wieder gehen lernte, konnte das

Dr. Winter klappte Rücksitzbank und Vordersitze in normale Position zurück. „Interessant", murmelte er, „das könnte der Anfang vom Ende des Geburtenknicks sein."

Fiat Panda. Die tolle Kiste.

1. Alle Lehnen flach: Das Doppelbett, Stoffbezüge abknöpfbar und leicht zu reinigen. 2. Rückbank in V-Form: Die Kinderwiege. 3. Alle Lehnen in Normalstellung: Platz für fünf. 4. Rückbank vorgeklappt: Der Einkaufswagen (für Großfamilien, 900 Liter Laderaum). Serienausstattung: Verbundglas-Frontscheibe, heizbare Heckscheibe, getönte Scheiben rundum, 6 Jahre Gewährleistung gegen Durchrostungs-Schäden. Fahrleistungen: 33 kW/45 PS, Spitze 140 km/h. Verbrauch: 5,8/7,5/8,4 Liter Super bei 90/120 km/h/Stadtverkehr (DIN 70030-1). Auch dann noch attraktiv, wenn am Kindergeld herumgedoktert wird.

Auto wieder fahren. Ich stand am Gartentor und hörte schon von weitem das knatternde Geräusch. Es war Clas. Er fuhr vorbei. Auf dem Beifahrersitz erkannte ich Gisela, die aus der elften Klasse bis zum Abitur in ein Schweizer Internat geschickt worden war.

Ich haute mit der Krücke einen Apfel vom Baum. Er war gallebitter und so sauer, daß mir das Wasser in die Augen schoß.

DER LUXUS UND DER KLEINE
MAX VON DER GRÜN

Jahrelang haben meine Frau und ich uns gegen die Anschaffung eines Zweitwagens gesperrt. Dann wurde es aber unvermeidlich, meine Frau ist berufstätig, sie hat jeden Tag zwei Mal fünfundzwanzig Kilometer zurückzulegen, mit öffentlichen Verkehrsmitteln ist sie, bei dreimaligem Umsteigen, zwei Mal zweieinhalb Stunden unterwegs. Das war ihr auf Dauer nicht zuzumuten.

Da ich einen schnellen, PS-starken und damit teuren Wagen fahre, sollte logischerweise meine Frau einen billigen, PS-armen Kleinwagen bekommen.

Der Händler wollte uns natürlich einen teuren verkaufen, aber ich hatte meine Frau tagelang so mit einleuchtenden Argumenten gefüttert, daß sie selbstverständlich auf einen billigen Kleinwagen bestand.

Dann parkte der Kleine vor unserem Haus, er hatte drei Türen. Hecktüren an Autos hatte ich bis dahin immer belächelt. Ich umkreiste mehrmals feixend diesen Kleinen und wünschte meiner Frau eine angenehme Jungfernfahrt. Ich fuhr nicht mit, mein Leben war mir zu wertvoll, ich wollte es nicht mutwillig aufs Spiel setzen. Ich wartete jedoch angstvoll auf ihre Rückkehr.

Nach mehr als einer Stunde erschien sie unbeschadet, aber voller Begeisterung und mokierte sich in einer geradezu unverschämten Art und Weise über meine spritsaufende Luxuskiste, und überhaupt, der Kleine wäre besser zu handhaben, am Kleinen sei alles einfacher, nicht so kompliziert wie bei mir, wo man für jeden Handgriff einen Spezialisten zu Rate ziehen müsse.

Nun sind unsere häuslichen Örtlichkeiten so, daß

natürlich nur ein Auto in die Garage paßt. So steht selbstverständlich der Luxus in der Garage, der Kleine in der Einfahrt. Also mußte der Kleine erst wegrangiert werden, wollte ich meinen Luxus besteigen. Mit der Zeit wurde mir diese Rangiererei lästig. Da ließ ich den Luxus dann einfach in der Garage und benutzte den Kleinen. Das war zuerst nicht einfach, denn ich hatte so einen Kleinen noch nie gefahren; schließlich schaffte ich es doch, ein guter Fahrer kommt ja mit allen Typen zurecht.

Weil es mir auch in der Folgezeit zu umständlich war, an meinen Luxus zu kommen, benutzte ich den Kleinen immer öfter, um Besorgungen zu erledigen, wie etwa ins Dorf zum Einkauf zu fahren.

Meine Frau reichte mir einen Zettel, auf dem alles vermerkt war, was ich mitzubringen hatte: zwei Kästen Bier, zwei Kisten Sprudel, zwei Kartons mit Pflanzen, die sie bei der Blumenfrau vorbestellt hatte für unseren Garten, von der Heißmangel eine Plastikwanne mit gebügelter Bettwäsche und ein Kinderfahrrad für den Nachbarn, der es zur Reparatur in die Werkstatt gegeben hatte.

Ich grinste innerlich, denn das alles wäre nicht einmal im Kofferraum meines Luxuswagens unterzubringen gewesen. Ich hütete mich aber, meine Bedenken zu äußern, und fuhr los.

Im Ortskern, in der Einkaufsstraße sind alle Läden beisammen, und nach einer gewissen Zeit hatte ich auch tatsächlich alle Besorgungen beisammen und rund um den Kleinen aufgestellt. Wie das aber alles in dem Kleinen untergebracht werden sollte, war mir völlig unklar.

Ich mußte ziemlich ratlos und dumm dreingesehen haben, denn ein Bekannter, der zufällig vorbeikam, betrachtete sinnierend mich und meine Fracht und sagte dann einfach: Gib mir den Schlüssel. Geschickt, was auf

„**D**er 10.000ste Besucher darf mitnehmen, soviel in seinen Kofferraum paßt." Die Geschäftsleitung verwünschte den Tag, an dem sie das beschloß.

Fiat Panda. Die tolle Kiste.

Auch beim neuen Panda 45: Rückbank raus, 1088 Liter Ladung rein. 7fach verstellbare Rückbank rein, Platz für 5. Seine 4 Zylinder sind nicht so schluckfreudig (1): 5,0/7,0/7,1 Liter Super bei 90/120 km/h/Stadtverkehr (Vergleichswerte DIN 70030-1). 11% weniger als sein ohnehin sparsamer Vorgänger. Um seine 33 kW/45 PS (DIN) und 140 km/h macht er dank doppelter Wand zum Motorraum kaum Lärm (4). Nicht laut genug kann man aufzählen: Heckscheibenwisch-/-waschanlage (2), Verbundglas-Frontscheibe, neues Heizungssystem (3). Günstige Finanzierung und Leasing durch die Fiat Kredit Bank. Den Panda-Fahrern, die nichts gewonnen haben: Trotzdem herzlichen Glückwunsch.

Neu: 1 2 3 4

jahrelange Praxis wies, legte er die beiden Hintersitze um und verstaute meine Fracht in dem nun erweiterten Kofferraum. Ich staunte, ich war begeistert, denn es wäre, als alles verladen war, noch Platz gewesen für einen dritten Kasten Bier und noch eine Kiste Sprudel und noch eine Wanne mit gebügelter Wäsche.

Stolz lieferte ich alles zu Hause ab, wie ein bestellter Lieferant, und konnte mich nicht genug wundern über die Aufnahmefähigkeit des Kleinen, der in dieser Hinsicht meinen Luxus in den Schatten stellte. Ich gestand das allerdings meiner Angetrauten nicht ein, die nur hintersinnig lächelte, als ich meine Ladung vor ihren Füßen ausbreitete.

Das war ein großer, tiefgreifender Fehler, denn von diesem Tage an wurde ich mit dem Kleinen immer zum Einkauf geschickt. Meine Frau, schließlich hatte sie ja einen Beruf, kutschierte mit meinem Luxus zu ihrer Schule, wo sie sich von ihren Schülern gebührend bewundern ließ.

Ich bin heute mehr denn je davon überzeugt, daß es von Anfang an in ihrer Absicht lag, mich auf diese Weise auf den Kleinen abzuschieben, damit sie so in den Besitz des Luxus kam.

Aber mir machte das nichts mehr aus. Ich war in den Kleinen vernarrt, er brachte Vorteile: Ich bekam in der Stadt immer eine Parklücke, in die ich mit meinem Luxus niemals hineingepaßt hätte, beim Tanken bezahlte ich nicht einmal ein Drittel des Betrages, den ich für meinen Luxus hätte blechen müssen.

Auch sonst veränderte sich mit der Zeit mein Fahrverhalten: düste ich früher mit meinem Luxus in jede Radarfalle, hielt ich mich nun zwangsläufig an die zulässige Geschwindigkeitsgrenze. Andere Luxuskarossen, die hinter mir drängelten und hupten, ließen mich kalt.

Als Entschädigung für seine mickrigen Tankrechnungen gewöhnte er sich an, großzügige Trinkgelder zu verteilen.

Fiat Panda. Die tolle Kiste.

5,8 Liter (Super) bei 90 km/h, 7,5 Liter bei 120 km/h, 8,4 Liter in der Stadt (Vergleichswerte nach DIN 70030-1). Im ADAC-Test begnügte sich der Panda mit 5,7 Litern (Super). Kein großes Geschäft für die Multis, der Panda. Der Motor: 896 ccm, 33 kW/45 PS, Spitze über 140 km/h. Das freut einen denn ja auch. Scheibenbremsen vorn serienmäßig. Ebenso 4 Ausstellfenster, Verbundglas-Frontscheibe, 6 Jahre Gewährleistung gegen Durchrostungsschäden. Vielseitig der Innenraum: Fünfsitzer (1), Doppelbett (2), Kinderwiege (3), Einkaufswagen (4) mit knapp 1000 Liter Fassungsvermögen. Es ist nicht zu fassen. Unverbindliche Preisempfehlung der Fiat Automobil AG ab Kippenheim/Baden: 9.990 DM.

„Sieht man Sie auch mal wieder?" sagte der Tankwart und versuchte sich krampfhaft zu erinnern, wo der Tankdeckel war.

Fiat Panda. Die tolle Kiste.

Der Tankstellenschreck: Verbrauch nach DIN 70030-1 5,8/7,5/8,4 Liter Super bei 90/120/Stadtverkehr. Wenig für 33 kW/45 PS und 140 km/h Spitze. 7fach verstellbare Rückbank: z. B. Doppelbett (1), Kinderwiege (2), Fünfsitzer (3), Lastwagen mit 1088 Liter Laderaum (4). Verbundglas-Frontscheibe, getönte Scheiben, Heckscheibenwischer, 6 Jahre Gewährleistung gegen Durchrostungs-Schäden. Für 9.690 DM (unverbindliche Preisempfehlung der Fiat Automobil AG ab Kippenheim/Baden). Übrigens: der Tankdeckel ist rechts vor der Hinterachse.

Ich amüsierte mich nur, wenn ich im Rückspiegel ihre vor Ärger immer dicker werdenden Köpfe sah, ich lachte über diese Geschwindigkeitsapostel, bis, ja bis so ein Luxusliner an einer Steigung, wo der Kleine zwangsläufig abfiel, mich mit Signalton und Lichthupe bedrängte. Ich machte mir einen Spaß daraus, weniger als die zulässige Geschwindigkeit zu fahren. Das hätte ich nicht tun sollen, denn der Drängler in dem Luxus war meine eigene Frau. Ich hatte einfach im Gefühl eines Siegers meinen eigenen Luxus nicht erkannt und im Rückspiegel nicht den Lenker.

Zu Hause beschimpfte sie mich als rücksichtslosen Straßenbanditen. Ich versuchte mich damit zu rechtfertigen, daß der Kleine schwer beladen gewesen sei infolge ihrer umfangreichen Einkaufsliste, die sie mir am Morgen, bevor sie zu ihrer Schule abdüste, in die Hand gedrückt hatte.

Danach ging es ein halbes Jahr ganz gut, bis mir ihr bedrücktes, immer sorgenvolleres Gesicht auffiel. Auf meine Frage gestand sie mir stockend und dann sogar heulend, daß sie mit meinem Luxus schon sechs Mal in eine Radarfalle gerauscht war, bereits über achthundert Mark Bußgeld habe bezahlen müssen und die Punkte in der Flensburger Kartei sich bedrohlich summierten. Sie bat mich inständig, ihr wieder den Kleinen zu überlassen, sie werde von jetzt an auch wieder selber die Einkäufe erledigen.

Das war, unbeabsichtigt, meine Absicht. Aber daraus ergab sich ein nicht zu lösendes Problem: Ich hatte mich nämlich an den Kleinen gewöhnt, wie man sich an einen treuen, zuverlässigen Freund gewöhnt. Was also tun? Nach langen und mühevollen Beratungen haben wir eine Lösung gefunden: An ungeraden Tagen fährt meine Frau den Kleinen, an geraden Tagen ich.

DAS ANTI-NEWTON-INSTITUT
HERBERT ROSENDORFER

Haben sie im Heiligen Offizium immer noch Angst vor Galileo Galilei? Wenn man sich vor Augen hält, wie schnell in den zwanziger Jahren unseres Jahrhunderts eine, ohne ihr dabei zu nahe treten zu wollen, schillernde Person wie der seinerzeitige Chef des Heiligen Offiziums, der Cardinal Roberto Bellarmino, der selbst von seinen Ordensgenossen als heimtückisch und verlogen, bösartig und sogar als im Alter geisteskrank bezeichnet wurde, vom normalen Verstorbenen binnen weniger als zwanzig Jahren erst zum Seligen (13. Mai 1923) und dann zum Heiligen (29. Juni 1930) befördert wurde, also eine himmlische Karriere von in neueren Zeiten nie gesehener Geschwindigkeit durchlief, und dagegenhält, daß sich das gleiche Heilige Offizium nie dazu durchgerungen hat, die beiden kirchlichen Justizirrtümer von 1616 und 1633 zu berichtigen und Galilei nachträglich zu rechtfertigen, so wird man doch nachdenklich. Selbst durch das Fernrohr der päpstlichen Sternwarte in Castel Gandolfo ist unschwer zu bemerken, daß sich die Erde um die Sonne dreht, wie Galilei behauptete, und nicht umgekehrt, worauf das Sant'Uffizio beharrt hat.

Wir fuhren von Castel Gandolfo in Richtung Marino um den Lago di Albano herum. An einem Wochentag im Herbst sind die Straßen in den Castelli ruhig. Der Himmel spannte sich blau und heiter über die Colli Albani, die so viele Maleraugen entzückt haben. Der Fiat Panda, den uns die Autoverleihfirma vors Hotel gestellt hatte, war ziemlich eng.

»Wie reimt sich das zusammen«, fragte Professor P.

„Eines verstehe ich nicht", sagte der goldbetreßte Portier, „wieso brauchen wir fünf Pagen, um dieses Auto leer zu machen?"

Fiat Panda. Die tolle Kiste.

Rückbank raus: über 1 Kubikmeter Laderaum (1). Normalstellung: der Fünfsitzer (2). Alle Lehnen flach: das Doppelbett, falls kein Zimmer frei (3). Kinderwiege (4). 7fach verstellbare Rückbank. 33 kW (45 PS), Spitze 140 km/h. Trotzdem nur 5,8/7,5/8,4 Liter Super bei 90/120 km/h/Stadtverkehr (DIN 70030-1). ADAC-Test-Durchschnitt: 5,7 Liter. Teppichboden, Verbundglas-Frontscheibe, heizbare Heckscheibe. Schutzschilde vorn und hinten, Flankenschutz. 6 Jahre Gewährleistung gegen Durchrostungs-Schäden. Zu sehen vorm Carlton, vor Jugendherbergen und beim Fiat Händler.

»daß die *Specola Vaticana*, die vatikanische Sternwarte unter Gregor XIII., von dem gelernten Ugo Boncompagni gegründet wurde, der 1572 bis 1585 regiert hat, und fünfzig Jahre später Galilei verurteilt wurde, weil er behauptet hat, die Erde drehe sich um die Sonne? Was haben die Jesuiten des Collegio Romano mit ihren Fernrohren um alles in der Welt nur gemacht?«

»Vielleicht in die Fenster der Nachbarhäuser geschaut, wenn sich die jungen Römerinnen zur Nacht ausgezogen haben.«

»Und noch eigenartiger: 1930 wurde Robert Bellarmin heiliggesprochen, und 1936 wurde von Pius XI. die *Specola Vaticana*, aufs feinste ausgestattet, hier herauf nach Castel Gandolfo verlegt. Warum ist nicht Galilei heiliggesprochen worden? Statt Bellarmin?«

»Ich nehme an«, sagte ich, »Galilei würde es sich, nach allem was passiert ist, verbitten.«

Wir hatten den kleinen Fiat nicht gemietet, um diesem galileischen Geheimnis auf die Spur zu kommen, obwohl wir, um das vorauszuschicken, sehr bald schon die seltsamste Entdeckung machen konnten, die, so zweifelte mein Freund Professor P. keinen Augenblick, mit Galilei und dem ganzen Problem zusammenhängt.

Das Auto war winzig, aber es hatte eine römische Targa. Ich hatte schon immer den Wunsch, ein Auto mit einer römischen Targa zu chauffieren, wenigstens für einen Tag: *Un giorno di Romano*, um einen Titel einer Verdi-Oper abzuwandeln, ›Römer für einen Tag‹. Das Auto ist ja für den Italiener mehr als alles andere, *la macchina*, es ist Fetisch, Statussymbol, Geliebte, Gebrauchsgegenstand, Teil der Seele, Spielzeug und vierte Person der Dreifaltigkeit. Der Italiener ist begeistert von allem, was *funktioniert*; nicht erstaunlich in einem Land, in dem so häufig das Notwendigste nicht funktioniert. Und so behandelt der Italiener auch sein Auto: nachlässig und selbstsicher, so schlecht wie die treue Geliebte, deren man sicher ist, zu stolz, um die Liebe zuzugeben. Erst wenn sie davonläuft, weint er. Nach all dem aber kein Wunder, daß die Italiener die schönsten Autos bauen, aber auch die kleinsten. Unser Fiat, den der Portier für uns bestellt hatte, gehörte zur kleinsten Sorte.

»Ich meine«, hatte der Portier gesagt, als er unseren wohl etwas kritischen Blick sah, »daß Sie mit dieser *macchina* nicht so große Schwierigkeiten haben. Ich meine, daß Sie nicht an den Ecken der Häuser anstoßen, wenn Sie in die Castelli fahren wollen. In den Nestern dort sind die Gassen sehr eng.«

Wir fuhren erst nach Tivoli zu Kaiser Hadrian, zu Liszt und zu den Wasserspielen, dann nach Palestrina, wo wir *Palestrinas* Haus besichtigen wollten, dann erst nach Süden in die Castelli Romani.

In Palestrina fragte ich nach Palestrinas Haus. Ein alter Mann machte große Augen: »Alle Häuser hier sind Palestrina-Häuser...« Wir lernten, daß *Palestrina* in Palestrina *Pierluigi* heißt, eigentlich logisch, wenn man ein wenig darüber nachdenkt.

»Die Kirche«, sagte Professor P., »verteidigt heute noch ihr Urteil gegen Galilei damit, daß man es aus der Zeit verstehen müsse.«

»Eine ziemlich kleine Münze.«

»Und daß 1616 und auch noch 1633 die eigentliche Bestätigung des kopernikanischen Weltbildes noch ausstand. Das habe ich im *Lexikon für Theologie und Kirche* im Artikel *Galilei* gelesen.«

»Aus dem Jahr 1850.«

»Nein, 1960. Dort steht – ich hoffe, ich zitiere richtig –,

daß die von Galilei vorgebrachten Beweise erst im Lichte von Isaac Newtons Theorie letztlich schlüssig wurden.«

»Stimmt das?«

»Es ist jedenfalls nicht ganz falsch.«

»Newton hat, wenn ich mich recht erinnere, *nach* Galilei gelebt.«

»Die *Principia mathematica* sind 1687 erschienen, da war Galilei über vierzig Jahre tot.«

»Nicht auszudenken, was das Sant' Uffizio mit Newton angestellt hätte, wenn er die Unvorsichtigkeit begangen hätte, nach Rom zu reisen.«

»Schrecklicher Gedanke: nie nach Rom reisen zu dürfen, weil man glaubt, daß die Erde sich um die Sonne dreht.«

Die Sonne stand schon weit im Westen. Wir hatten in Frascati zu Mittag gegessen, hatten uns Zeit gelassen. Wir fuhren jetzt, die Knie an den Ohren in dem kleinen Auto, auf der Via dei Laghi, unten lag der See, links oben wie hingepreßte Würfel Rocca di Papa und dahinter der Monte Cavo, der angeblich mit lauter militärischen Stollen unterminiert ist.

»Also waren die Behauptungen Galileis 1633 noch ungesichert?« fragte ich.

»Da müßte man sich erst über den Begriff *gesichert* unterhalten. Aber abgesehen davon hat Galilei, und zwar nicht nur aus Angst vor der Inquisition, sondern weil er ein treuer Sohn der Kirche war, seine Theorien in Dialogform gekleidet. Er hat nicht behauptet, daß nur er recht hat. Er hat auch die Gegenmeinung formuliert. Er hat nur gesagt: es könnte *so* sein, aber auch *so*. »Allerdings«, Professor P. lachte, »hat er den Dialogpartner, der das veraltete ptolemäische Prinzip vortrug, *Simplicius* genannt.«

Während seines Urlaubs hieß es im Radio, er sei einstimmig für den Vorsitz der Energiesparkommission vorgeschlagen.

Fiat Panda. Die tolle Kiste.

Fiat Panda 45: „7,4 Liter Super auf 100 km" errechnete „auto;motor und sport" nach 50 000 Test-km. „Außerordentlich sparsam." 33 kW/45 PS-Motor, Gürtelreifen, 6 Jahre Gewährleistung gegen Durchrostungs-Schäden, Verbundglas-Frontscheibe, getönte Scheiben rundum, Ausstellfenster, 7fach verstellbare Rückbank. „Unter den alternativen Autos das kleinste und billigste, aber auch das sportlichste", lobte der „stern". „9.690 Mark unverbindliche Preisempfehlung ab Kippenheim/Baden", kalkulierte die Fiat Automobil AG. „Es werden noch Kommissionsmitglieder gesucht."

Was ist das? Das typische Sommerloch in Bonn oder ein schwarzer Panda im St. Gotthardtunnel?

Fiat Panda. Die tolle Kiste.

Haben Sie es erraten? Natürlich ein Panda 1000 CL Plus. Unverkennbar: Die Kistenform mit einem Laderaum von bis zu 1000 l. Sparsam und steuerfrei: Der FIRE-Motor. Seine 44 Pferde verbrennen auf der Strecke Bonn – Como (rund 900 km) ganze 48,6 Liter bleifrei Normal und das schadstoffarm bei konstant 90 km/h (nach DIN 70030-1). Übrigens genausoviel wie auf der Strecke Como – Bonn. Doch sprechen wir lieber von den wahren Urlaubsfreuden, dem zweigeteilten Faltdach, einem einzigartigen Extra. Es sorgt schon am ersten Reisetag für eine sehr intensive Stau-Bräune. Bei Fahrer und bis zu 4 Beifahrern. Bei Karlsruhe oder auch am Irschenberg.

Pandafahren, die schönste Form des Sparens. Angebot der Fiat Kredit Bank: Anzahlung 999,– Mark, 3,9 % effektiver Jahreszins bei 36 Monaten Laufzeit.

»Das ist noch lange kein Grund gewesen, den alten Mann, der wahrscheinlich tiefer und fester an den christlichen Gott geglaubt hat als Cardinal Bellarmin, zu quälen, zu foltern und zu lebenslänglicher Haft zu verurteilen. Kein Ruhmesblatt für die Alleinseligmachende.«
»Die Haft war mehr symbolisch. Galilei durfte sich in seiner Villa bei Florenz frei bewegen, durfte forschen und schreiben.«
»Aber das Begräbnis in Santa Croce hat ihm die Kirche verweigert. Und sie zeigt bis heute keine Reue.«
»Giordano Bruno ist es dreißig Jahre vorher schlimmer ergangen«, sagte Professor P.
»Bei dem hat der Papst auch noch nicht um Entschuldigung gebeten«, sagte ich, »im Gegenteil. Als am 9. Juni 1889 auf dem Campo dei Fiori das kleine Denkmal für Bruno errichtet wurde, hat die Kurie das als eine unerträgliche Schmach bezeichnet.«

Als wir, nachdem die Straße den Albaner See hinter sich gelassen hatte, an die Abzweigung nach Ariccia kamen, fiel mir ein, was mir Dr. Kappa von dieser Straße erzählt hatte.

»Fahre einmal da hinein, nach links«, sagte ich. P. drehte am Lenkrad, so gut es mit angezogenen Knien ging.

Es kann sich, um diese Feststellung gleich einmal vorwegzuschicken, nur um eine optische Täuschung handeln. Anderes ist nicht denkbar. Es gibt keinen isolierten Punkt der Welt, an dem die Naturgesetze nicht oder auch nur partiell nicht gelten. Die Schwerkraft ist überall gleich, auch in den Castelli Romani, auch auf dem zugegeben vulkanisch-mysteriösen, von uralten Sagen sibyllinisch umraunten Höhenrücken zwischen dem Albaner und dem Nemi-See. Die Schwerkraft oder Gravitation ist die »zwischen jeglicher Materie wirkende Anziehungskraft, speziell die zwischen der Erde und den in ihrer Nähe befindlichen Körpern«, so Meyers Enzyklopädisches Lexikon, das dann mit schönen und imponierenden Formeln fortfährt, »die: ›$K = \gamma \cdot m_1 m_2/r^2$‹ oder ›$dr^2/dt^2 = -$ grad φ‹ lauten.« Man hat sich die Sache so vorzustellen, daß jeder Körper um sich ein sogenanntes ›Feld‹ (besser gesagt wäre: eine kugelige Hülle) erzeugt, die den Raum und alles, was sich darin befindet, zu durchdringen oder eher: zu durch*wirken* vermag und – so wieder Meyer – »in seiner zur Masse des erzeugenden Körpers proportionalen Stärke mit dem Quadrat des Abstandes von ihm abnimmt.« Was aber die Schwerkraft eigentlich ist, weiß kein Mensch.

Sie ist – außer dem Phänomen *Zeit* – die rätselhafteste Naturerscheinung und wie die Zeit unaufhaltsam und nicht ablenkbar. Jede andere Kraft oder Welle oder was immer, ob Licht, Schall, Magnetismus, Röntgenstrahlen, kann aufgehalten oder umgeleitet werden: die Schwerkraft nicht. Die Schwerkraft ist sozusagen unerbittlich, so unerbittlich wie die Zeit, und daher meine ich, was aber natürlich ein völlig unphysikalischer Standpunkt ist, daß Zeit und Gravitation irgendwie auf der Hinterseite des Teppichs *Kosmos* verknüpft sind. Jedenfalls bewirkt die Gravitation, daß ein Körper, den man ausläßt, zur Erde fällt, und zwar überall auf der Welt mit der Beschleunigung $g \approx 9{,}81 \text{ m/s}^2$, und insbesondere, was für die Geschichte hier von Bedeutung ist, daß ein Auto, so klein es auch sein mag, wenn der Motor ausgeschaltet, der Gang herausgenommen worden und die Hand- sowie die Fußbremse gelöst ist und niemand das Auto festhält (das von uns gemietete Auto war so klein, daß jeder von uns beiden es mit einer Hand über einen Abgrund hätte

Die Vollwertkiste. Nur echt mit FIRE-Motor, Omega-Hinterachse und dem Panda-Gütesiegel.

Fiat Panda. Die tolle Kiste.

Nachdem immer häufiger minderwertiger Pandaschinken für Unruhe sorgte, überwacht nun der Förderverein zur Reinhaltung der Pandakultur das Panda-Reinheitsgebot. Die begehrte Auszeichnung gibt es nur bei minimalem Verbrauch durch FIRE-Motor, maximalem Komfort durch Omega-Hinterachse und artgerechtem Zusammenbau durch Roboter. Gegen rauchigen Nachgeschmack hat der Panda 1000 L i.e. Kat. einen geregelten 3-Wege-Katalysator mit Lambda-Sonde und Aktiv-Kohlefilter (KVRS). Hier zeigt sich, daß auch Kleinvieh keinen Mist machen muß und trotzdem großem Appetit standhält: Eine Portion Panda deckt locker den Mobilitätsbedarf einer fünfköpfigen Familie. Noch Fragen? Prospekte und Händleradressen unter 0130/22 85 zum Ortstarif.

Ein tierisches Angebot der Fiat Kredit Bank:
0% Fett 4,9% Zins   25% Anzahlung   46 Monate Laufzeit

halten können), daß dieses Auto eine abschüssige Straße hinunterrollt.

Es rollte *hinauf.*

»Stelle«, sagte ich zu P. »das Auto hier an den Straßenrand.« Die erwähnte Verbindungsstraße zwischen der Via dei Laghi und Ariccia verläuft vielleicht einen halben Kilometer lang ziemlich gerade zunächst von der Abzweigung aus abwärtsführend und dann nach einer Talsohle aufwärts, um oben in einer Kehre im Wald zu verschwinden.

Es herrschte so gut wie kein Verkehr. Nur ein Rennradfahrer in professionellem Dreß, bunt wie ein Papagei, strampelte verbissen hinunter und drüben wieder hinauf. P. fuhr auch hinunter und hielt, wie ich gesagt hatte, genau in der Talsenke exakt dort, wo zunächst fast unmerklich wieder die Steigung beginnt.

»Jetzt«, sagte ich, »stell den Motor ab, nimm den Gang heraus, löse die Bremsen.« P. tat es.

»Und?« fragte er.

Er brauchte nicht weiter zu fragen. Das Auto begann erst langsam, dann – mit $g \approx 9{,}81 \text{ m/s}^2$ – immer schneller aufwärts zu rollen. Jawohl: aufwärts.

»Das gibt es nicht!« schrie P. »Ich protestiere im Namen der Physik!« lachte er, als wir immer schneller bergauf rollten und P. schließlich sogar bremsen mußte, weil wir zu schnell wurden.

Das Auto blieb, schräg auf der Steigung, stehen. Das rätselhafte Phänomen ist etwa auf der Hälfte zwischen Talsohle und der Stelle, wo die Straße im Wald verschwindet, vorbei. Dort erhält die gute alte Gravitation wieder ihr Recht.

P. schüttelte lange den Kopf. Er dachte nach, dann schüttelte er wieder den Kopf.

Frage an Radio Wuppertal: „Ist es möglich, mit einem Panda im Windschatten der Schwebebahn zu fahren?" Antwort: „Im Prinzip ja, wenn man den Fahrpreis senken will."

Fiat Panda 4 x 4 SISLEY. Die tolle Kiste.

Getreu dem Motto: „Wo ein Panda ist, ist immer auch ein Weg", findet der Panda 4 x 4 Sisley diesen auch abseits der gewohnten Fahrbahnen. Denn als Allrad-Beförderungsmittel kann er nicht nur überall anhalten, sondern auch fast überall fahren. Entgegen dem allgemeinen Trend zur Fahrpreis-Erhöhung bleibt er dabei völlig bodenständig. 6,5/7,4 l Normal (bleifrei) bei 90 km/h/Stadtverkehr auf 100 km genügen ihm. Dank Allrad und 44 PS bewältigt er damit schwindelerregende Steigungen bis zu 50 %. Den Dauerfahrschein für alle Tarifgebiete (soweit der Reisepaß reicht) können Sie zu den gewohnten Öffnungszeiten bei allen Fiat Händlern lösen.

Flat Panda 750 L Plus, DM 11.890,-*
Fiat Panda 1000 CL Plus, DM 10.190,-*
Flat Panda 4 x 4 Sisley, DM 15.690,-*

*unverbindliche Preisempfehlung ab Kippenheim.

Super-Finanzierung: 1,9 % effektiver Jahreszins, 25 % Anzahlung, 36 Monate Laufzeit. Ein Angebot der Fiat Kredit Bank.

Auf Wunsch vieler Pandafahrer wurde die Leistungsfähigkeit des Kilometerzählers beim Panda noch einmal aufgewertet. Sie beträgt in Zukunft: neunhundertneunundneunzigtausendneunhundertneunundneunzig Kilometer.

Fiat Panda. Die tolle Kiste.

Nicht nur für die All-Rad-Kiste (4 x 4 Sisley), sondern für alle Modelle. Denn Pandafahrer lieben die Mobilität und sollen nicht von einem fünfstelligen Tachometer eingeschränkt werden. Daß der Panda dennoch nicht länger, nicht schneller und nicht durstiger geworden ist, versteht sich von selbst. Auch in Zukunft reichen dem 32 kW/44 PS starken Panda 1000 CL Plus 540 hl Normal bleifrei für eine Million Kilometer (nach DIN 70030-1). Bei konstant 90 km/h. Im Gegensatz zu milliardenschweren Raumfahrprojekten wird so eine Fahrt zu unserem Trabanten nicht nur verläßlicher, sondern auch für jedermann erschwinglich. Bedenkt man, daß man die Fahrtkosten auch noch durch 5 Erwachsene teilen kann.

Was sich am Panda nie verändern wird.

»Bin ich«, fragte er,»nach dem guten Mittagessen in Frascati auf einem Liegestuhl eingenickt, und liege ich dort und träume?«

»Nein«, sagte ich.

P. stieg aus, das heißt, er faltete sich aus dem Fiat und ging kopfschüttelnd auf und ab.»Galilei«, murmelte er, »Newton...«

Der Radfahrer im Papageiendreß kam wieder, raste ohne zu treten die Steigung hinauf. Ein anderes Auto hielt, ein Vater und zwei Kinder, die sechs und acht Jahre alt sein mochten, stiegen aus. Er zeigte den Kindern das Phänomen. Die Kinder legten erst einen Gummiball, dann einige leere Cola-Dosen auf die Straße: alles rollte aufwärts.

»Es muß«, sagte P.,»eine optische Täuschung sein. Das schaut nur so aus, als ob es aufwärts ginge...aber...« er schüttelte wieder den Kopf: der Augenschein sprach dagegen; dort ging es abwärts, hier ging es aufwärts. Der Augenschein gab keinen Zweifel.

»Das nächste Mal nehme ich eine Wasserwaage mit«, sagte P.»Obwohl: wenn es *keine* optische Täuschung ist, macht die Wasserwaage den Schwindel mit. Komm – wir versuchen es noch einmal.«

Wir versuchten es mehrfach: vorwärts, rückwärts, auf der einen Seite, auf der anderen Seite der Straße. P. legte Gegenstände aus verschiedenem Material auf die – scheinbar – schiefe Ebene: nochmals eine Cola-Dose, die die Kinder von vorhin liegen gelassen hatten, einen Tennisball, der vom Vormieter im Auto liegengeblieben war, und endlich eine Holzente auf ursprünglich vier, jetzt nur noch drei Rädern, die auf einer wilden Müllhalde oben seitlich der Kreuzung lag. Die Ente rollte auch mit drei Rädern bergauf und nickte dabei mit dem Kopf.

»Ich muß es akzeptieren«, sagte P. abschließend, dann fuhren wir weg. Und dabei passierte das Merkwürdigste: wir wollten nicht nach Ariccia, sondern an den Nemi-See und nach Genzano, mußten also zurück zur Abzweigung von der Via dei Laghi. Dazu mußte P. nochmals wenden. Er machte das oben, dort, wo, wie erwähnt, die den physikalischen Gesetzen hohnlachende Straße in einem Wald verschwindet. Am Scheitelpunkt seitlich hinter den Bäumen lagen ein paar Häuser, die im Zusammenhang mit dieser Geschichte nicht interessieren. Auf der anderen Seite aber befand sich eine breite, trichterförmige Einfahrt, von hohen Pfeilern flankiert, von denen sich eine Mauer wegzog. Die Einfahrt setzte sich in einen unbefestigten, aber gepflegten Weg fort, der hügelauf zu einer Baumgruppe führte. Ein Gebäude war nicht zu sehen.

P. wollte in dieser Einfahrt wenden, und in dem Augenblick, als wir mit unserem (gemieteten) kleinen Fiat rückwärts in diese Einfahrt stießen, begann ein rotes Lichtsignal auf dem einen Pfeiler zu blinken, und wie von Geisterhand schloß sich das Tor, grad noch, daß wir die Einfahrt verlassen konnten.

Wir umrundeten den Nemi-See, kehrten dann über Genzano und Albano auf der Via Appia nach Rom zurück. Ein Gewitter ging nieder. Ströme von Wasser flossen vom Himmel. »Hoffentlich schwemmt es den Fiat nicht in den Gully«, sagte P. Aber wir kamen wohlbehalten wieder im Caffè Greco an, und P. begann aufs neue zu grübeln.

»Wer weiß«, sagte er, »was passiert wäre, wenn wir nicht aus der Einfahrt heraus, sondern hineingefahren wären.«

»Vielleicht ist uns ein erregendes Abenteuer entgangen«, sagte ich.

Zu allem Weltlichen hatte der Pfarrer ein sehr sachliches Verhältnis.

Fiat Panda. Die tolle Kiste.

Nie wieder beim Tanken ein Stoßgebet zum Himmel schicken (1): beim neuen Panda 45 nur noch 5,0/7,0/7,1 Liter Super auf 100 km bei 90/120 km/h/Stadtverkehr (Vergleichswerte DIN 70030-1). Himmelhochjauchzend entdeckt man ein neues Heizungssystem (3), elektrische Scheibenwaschanlage (2) und hört weniger vom Motor (4). 6 Jahre Gewährleistung gegen den Durchrostungsteufel. Beim Preis freut sich der Klingelbeutel: 9.990 DM (Unverbindliche Preisempfehlung der Fiat Automobil AG ab Kippenheim/Baden. Günstige Finanzierung und Leasing durch die Fiat Kredit Bank GmbH.)

Neu: 1 2 3 4

»Das Gewitter, das dann gekommen ist, hat mich endgültig überzeugt.«

»Wovon?«

»Es geht nicht mit rechten Dingen zu. Die Kirche läßt die Dinge nicht so ohne weiteres auf sich beruhen. Galilei – Newton – Robert Bellarmin... die Koinzidenz der Ereignisse mit der *Specola Vaticana*, den Galilei-Prozessen, der Verlegung der *Specola*, der Heiligsprechung Bellarmins... und wie sich das Tor leise quietschend geschlossen hat, fernbedient... wer weiß, wer uns da beobachtet hat, gefürchtet hat, wir Unbefugten könnten in jenes ummauerte Grundstück hineinfahren.«

»Wer wäre befugt, da hineinzufahren?«

»Nur wenige«, sagte P. düster, »ich nehme an, jenseits der Mauer, hinter uralten Bäumen versteckt, liegt das vatikanische Anti-Newton-Institut. Dort experimentieren ungemein gescheite Jesuiten, um die Schwerkraft aufzuheben. Damit Galilei doch nicht recht gehabt hat. Und für das eine Stück Straße ist es ihnen schon gelungen.«

»Hm«, sagte ich.

»Anders«, sagte P., »ist das Ganze nicht zu erklären.«

»Carmine!« rief er dem Kellner, »noch einen Caffè lungo.«

Rom bietet doch weit mehr Geheimnisse, als man gemeinhin ahnt.

NICHT ANGEKOMMEN
DORIS RUNGE

ein punkt
auf der karte
eine winzige vertiefung
in der seele
bedeckt vom brei
erinnerung
was niemals war
nimmt überhand
im kindheitsalp
traummärchen
die augen weiden
fremdes land
mir schlägt das herz
von baum zu
schlagbaum schneller

„Biete Mitfahrgelegenheit nach Ouagadougou." (Zusteigemöglichkeit in Frankfurt, Casablanca, Tessalit-Oase, Timbuktu)

Panda 4x4. Die Allradkiste.

2.500 km Sand-, Stein-, Schotter-, Geröll-Wüste. Kein Problem: zuschaltbarer Allradantrieb (1), Steigfähigkeit voll beladen 50% (2). Hitzedämmende Scheiben, 145 SR13-Geländereifen (3), 35 kW/48 DIN-PS, ca. 135 km/h: die Expedition ist gut gerüstet (Skatkarten und Schlangenserum nicht vergessen!). Rammschutzleisten (4) gegen Nashörner, Wasserbüffel und Parksünder. In Alpengrün (serienmäßig) und Quarzgrau-Metallisé (Aufpreis) erhältlich. Achtung: Wenn Auto in Zebraherde verschollen, 1x in die Luft schießen. Was stehen bleibt, ist der Panda.

Neu: 1   2   3   4

UNTERWEGS
GERT LOSCHÜTZ

Na gut, dann werde ich von den Fahrten erzählen, die wir unternommen haben, den Fahrten nachts über Land. Nachdem ich mich die Treppe hinabgeschlichen hatte, schloß ich leise die Tür auf, trat hinaus und lief, so schnell ich konnte, durch die Straßen. Die Laternen waren an dicken, zwischen den Häusern gespannten Drähten aufgehängt und warfen ein kaltes Licht, das an den Wänden auf und ab tanzte, so daß es aussah, als bewege sich etwas in den Hauseingängen. Immer glaubte ich, einer stünde da, der mir nachgaffte, einer, der selbst etwas zu verbergen hatte, etwa, weil er mit einer Geliebten dastand, von der niemand etwas wissen durfte, so wie niemand etwas davon wissen durfte, daß ich nachts durch die Straßen lief. Das Dorf war voller Verrat, nie wußte man, was einer mitbekam und wann er davon Gebrauch machte. Vielleicht geriet ich mit einem in Streit, und anderntags hörte ich, wie er herumposaunte, daß er mich bei der Wellblechgarage hinter der Schule gesehen habe, daß ich das Tor aufgeklinkt und das Auto auf die Straße geschoben hätte. Damit mußte ich rechnen, aber es hielt mich nicht davon ab, es dennoch zu tun, mich nicht und die anderen auch nicht, die sich aus ähnlichen Häusern, in denen es ähnlich zuging, weggestohlen hatten.

Es herrschte ja eine Enge in den Häusern, in den Familien, die kaum mehr vorstellbar ist, eine Enge, die ein Mangel an Platz war, aber auch eine Enge des Herzens. Obwohl alles gemeinsam geschah, das Aufstehen, das Essen, das Zubettgehen, kommt es mir vor, als hätten wir nicht das Geringste voneinander gewußt, weil jeder sein Innerstes verbarg, aus Angst, verlacht zu werden, aus Sorge, dem anderen lästig zu fallen, oder aus Trotz, den wir mit Stolz verwechselten. Und gleichzeitig war jeder (alle, die unter einem Dach lebten) die genaue Kopie des anderen; jeder Handgriff, den wir machten, war nachgeäfft, der Mutter, dem Vater, den älteren Geschwistern, die ihn ebenfalls jemand nachgeäfft hatten, ihren Eltern, ihren Geschwistern wahrscheinlich. Wenn ich mir nur mit der Hand über die Stirn wischen wollte, sah ich schon zehn andere, die, während sie die gleiche Geste ausführten, den kleinen Finger abstreckten wie ich. Dann ließ ich die Hand wieder sinken und saß eine Weile wie gelähmt da. Oder ich schleppte mich lustlos von einer Ecke zur anderen und blaffte jeden, der in meine Nähe kam, an. Am schlimmsten aber war das Gefühl, daß es ewig so ginge: Aufstehen, Essen, Zubettgehen, unterbrochen nur von der Herumlungerei in der Schule, auf dem Geländer am Sportplatz. Erst wenn ich das Dorf im Rückspiegel verschwinden sah, fiel dieses Gefühl (das einer bleigrauen Taubheit glich) von mir ab, in den wenigen Stunden nachts.

Wir borgen uns das Auto ja nur, sagte Reinhold, der nicht bei seinen Eltern wohnte, sondern bei seiner Halbschwester, die zwanzig Jahre älter war als er und einen Mann geheiratet hatte, der sich als Taxiunternehmer ausgab, aber meistens zuhause saß, vorm Fernseher, weil es damals nur wenige gab, die sich ein Taxi leisten mochten. Einmal bringe ich ihn um, sagte Reinhold. Bei jedem Streit, der zwischen ihnen ausbrach, drohte er damit, den Mann seiner Schwester umzubringen oder wegzuziehen, nicht nur aus dem Dorf, sondern weit weg, nach München beispielsweise oder Berlin, wo ihm keiner Vorschriften machen konnte.

Im Dorf hatte er schnell Freunde gefunden. Nur zum Tankwart fand er kein rechtes Verhältnis.

Fiat Panda. Die tolle Kiste.

Der neue Panda 45: 11% bescheidener (1) als sein Vorgänger: 5,0/7,0/7,1 Liter Super bei 90/120 km/h/Stadt-verkehr (Vergleichswerte DIN 70030-1). Trotzdem darf der Fahrer Ansprüche stellen. 33 kW/45 PS (DIN), Spitze 140 km/h. Neue, verbesserte Geräuschdämpfung (4), neue Hinterradfederung. Die Straßen sind ja auch nicht mehr das, was sie früher mal waren. Platz für 5, 7fach verstellbare Rückbank. Günstige Finanzierung und Leasing durch die Fiat Kredit Bank GmbH. Neu: Heckscheibenwisch-/waschanlage (2), neues Heizungs-system (3). Kunststoff-Einsätze in den vorderen Radkästen, Unterbodenschutz, Flankenschutz. Da können Sie ruhig mal in einen Feldweg abbiegen.

Neu: 1   2   3   4

Quatschkopf, sagte Jürgen, wenn er das hörte. Oder: Tu es doch endlich. Er hatte ein langes, scharf geschnittenes Gesicht, aber einen kurzen gedrungenen Körper, der mit Muskeln vollgepackt war, die er sich beim Geräteturnen erworben hatte; er war ein eleganter Turner, der sich mit geschlossenen Beinen in den Ringen hochstemmen konnte. Beim Gehen wippte er auf und ab und schlenkerte mit den Armen. Ein bißchen sah es immer aus, als versuche er, den Augenblick, bevor er nach dem Abrollen der Füße auf die Ferse zurücksank, hinauszuzögern. Tu es doch, hörte ich ihn sagen, als ich das Schloß aufklinkte.

Es war ein kleines Auto, das jeder von uns allein aus der Garage schieben konnte, aber wir faßten gemeinsam an, einer von uns langte durchs Fenster und hielt das Steuer, während die anderen sich gegen den Kofferraum stemmten. Der Lehrer, dem es gehörte, war ein junger Mann, der die Haare nach vorn gekämmt trug, weshalb er im Dorf, in dem alle, auch wir, die Haare nach hinten oder, mit Scheitel, nach links und rechts gekämmt hatten, nicht gut angesehen war. Bitte fahren Sie vorsichtig, riefen wir ihm nach, wenn wir ihn durchs Dorf brausen sahen, immer in Sorge, er könnte das Auto gegen eine Hauswand setzen.

Wir schoben es aus der Garage und danach ein Stück die Straße hoch, ehe wir einstiegen und den Motor anließen. Wir schlossen die Zündung kurz, ganz einfach. Es mußte dunkel sein, wenn wir losfuhren. Und doch erinnere ich mich nur an helle Nächte. Der Mond schien, und die Wolken, die wie dicke Federbetten über den Tälern hingen, hatten weiße Ränder. Sofern es Wolken gab. Oft scheint es mir jetzt, als hätten die Wolken sich an den Abenden, an denen wir unterwegs waren, in einen

Für alle, die sich keine Sicherheitsnadel durch die Wange jagen oder einen Irokesenkamm scheren können: Hier eine andere Möglichkeit der Persönlichkeitsentfaltung.

Der neue Panda Pop. Die tolle Farbkiste.

Auf der Suche nach dem wahren Ich landen manche Zeitgenossen in der Kurzwarenhandlung, manche beim Friseur und immer mehr beim Fiat Händler. Der Panda Pop ist da. Der ganz legale Farbrausch. Innen eine Orgie aus Orange, Blau, Türkis und Grün, außen reichlich Auto. Natürlich mit Motor (FIRE, 25 kW/34 PS), ohne Steuer (31 Monate, entspricht ca. 446 DM) und mit der famosen omegaförmigen Hinterachse. 9.990 DM unverbindliche Preisempfehlung ab Kippenheim. Auch wenn Sie ihn über max. 46 Monatsraten scheibchenweise bezahlen (Anzahlung 15 %, effektiver Jahreszins 1,9 %, Finanzierungsangebot der Fiat Kredit Bank), können Sie ihn sofort am Stück mitnehmen. Für Timothy Leary ist schon einer reserviert.

Unverbindliche Preis-empfehlung ab Kippenheim	1,9 %	15 % Anz.	1. Rate	2. – 46. Rate
Panda Pop 9.990.- DM	Effektiver Jahreszins	DM 1.499,-	DM 168,-	DM 192,-

anderen Teil des Landes verzogen, in den hohen Süden, in den tiefen Norden. Es war immer hell, zu hell, wenn wir die Garage aufklinkten, das Auto hinausschoben. Der Himmel war leergefegt, eine dünne Sichel hing über den Hausdächern, die dennoch ein klares, die Gegenstände scharf gegeneinander abgrenzendes Licht warf, in dem uns jeder, der zufällig aus dem Fenster blickte, hätte erkennen können.

Nachdem wir auf die Chaussee eingebogen waren, kurbelten wir die Scheiben herunter und fuhren mit dem Fahrtwind, der hereinwirbelte, mit der Musik aus dem Autoradio, das wir bis zum Anschlag aufgedreht hatten, bergauf, bergab, nur so, um zu fahren, um zu spüren, daß wir unterwegs waren, bis wir das Radio wieder leise stellten, so leise, daß die Musik kaum noch zu hören war. Nach einer Weile schien es, als wolle jeder für sich sein, allein mit seinen Gedanken. Es war schön, unterwegs zu sein, in die Dunkelheit hinauszuschauen, auf die abgeernteten Felder, die Baumgruppen in den Wiesen und an etwas zu denken, das zurücklag oder erst kommen würde, in einem künftigen Leben. Wir sprachen kaum miteinander, sondern hörten auf das Sirren der Reifen, das Summen des Motors, das Pfeifen des Fahrtwinds, bis uns auch das zu stören begann, und wir die Fenster wieder hochkurbelten.

Anfangs kannten wir die Dörfer noch, durch die wir kamen. Es gab uns ein Gefühl der Macht, durch sie hindurchzufahren und die Häuser zu sehen, in denen jemand wohnte, den wir kannten. Wir blickten zu den dunklen Fenstern hoch und wußten, daß unser Bekannter im Bett lag, während er nicht wußte, daß wir es waren, die auf der Straße vorbeifuhren, daß das Geräusch, das er im Halbschlaf hörte, von dem Auto verursacht wurde, in dem wir saßen. Wir waren unerreichbar für ihn, auf der Seite der Diebe. Schließlich kamen wir durch Dörfer, die wir zuvor noch nie gesehen hatten und die ebenso dunkel und ausgestorben dalagen wie die, durch die wir zuvor gefahren waren. Die ganze Welt schlief, nur wir waren wach, Jürgen, der das Auto steuerte, Reinhold, der auf dem Rücksitz saß, und ich.

Meistens war es Jürgen, der fuhr, und wenn er müde wurde, löste ich ihn ab. Er fuhr oder ich, während Reinhold nicht fahren durfte, unter keinen Umständen. Wir hatten uns darauf verständigt, ihn nicht ans Steuer zu lassen, weil wir nie wußten, wieviel er getrunken hatte. Und er, Reinhold, gab sich damit zufrieden, auf dem Rücksitz zu hocken, aus dem Fenster zu blicken und ab und zu einen Schluck aus der kleinen Flasche zu nehmen, die er in der Jackentasche bei sich trug.

Trink nicht so viel, sagten wir, wenn wir unterwegs waren, sonst riecht es der Lehrer. Worauf es vorkam, daß er die Flasche, die er schon aufgeschraubt hatte, wieder zudrehte und in die Tasche zurücksteckte. Die Bäume, die Wiesen flogen am Fenster vorbei, und manchmal, wenn wir früh genug losgefahren waren, gelangten wir bis zu der Anhöhe, von der aus der Lichtschein zu sehen war, der sich wie eine Glocke über die Großstadt wölbte; dann wußten wir, daß wir umkehren mußten, um, bevor es hell wurde, das Auto in die Garage zurückzustellen.

Jürgen ging ein halbes Jahr vorm Abitur von der Schule ab und machte eine Lehre als Glasbläser, die ihn später bis nach Singapur führte, wo er die Herstellung von Einweckgläsern überwachte, die nach Deutschland exportiert wurden. Reinhold arbeitete nach der Schule in einem Bekleidungsgeschäft in der Kreisstadt. Er wollte Dekorateur werden und sich danach bei einer Werk-

Zuerst die schlechte Nachricht: Immer weniger Leute heiraten. Nun die gute: Immer mehr fahren das weiße Panda-Sondermodell.

Fiat Panda Bianca. Die tolle, weiße Kiste.

1984 wurden 5.757 weniger Ehen geschlossen, aber mehr Garagen gebaut als im Jahr davor. Heiraten die Deutschen ihre Autos? Es gilt dem Trend Einhalt zu gebieten! Fiat hat daher den Bianca geschaffen, das Panda-Hochzeitsmodell. Alles weiß: Flankenschutz, Radkappen, Stoßstangen. Diese Hochzeitskutsche findet mit 338 x 146 cm vor jedem Standesamt Platz. 25 kW/34 DIN-PS und 125 km/h Spitze fangen jeden Flüchtigen wieder ein, um mittels 7fach verstellbarer Rückbank (Doppelbett) den Geburtenrückgang zu stoppen. Abgabe nur in handelsüblichen Mengen.

Finanzierung über die Fiat Kredit Bank: Hohe Laufzeit, niedrige Zinsen.

Fiat Leasing. Die intelligente Alternative zum Gebrauchtwagenkauf. Lassen Sie sich das mal vorrechnen.

Preisempfehlungen, unverbindliche, ab Kippenheim/Baden:
Panda 34, DM 9.790,-
Panda Bianca, DM 10.200,-
Panda 45 CL, DM 10.400,-
Panda Super, DM 11.500,-
Panda 4 x 4, DM 15.100,-

kunstschule bewerben. (München! Berlin!) Er hatte ein freundliches, weich gepolstertes Gesicht, und seine Hände, mit denen er wunderbare Bewegungen in der Luft vollführen konnte, waren lang und schmalgliedrig, ebenso sein Körper; die Fingerkuppen aber waren von schwarzen Punkten übersät, die von den Einstichen der Nadeln herrührten, mit denen er die Stoffe, die er um die Schaufensterpuppen drapierte, feststecken mußte.

Und heute, sagte er in der Nacht, an die ich jetzt denke (wir waren schon auf dem Rückweg), heute ist es passiert. Was, fragte Jürgen. Ich habe ihn umgebracht. Worauf Jürgen, der fuhr, so scharf bremste, daß ich die Arme hochwerfen mußte, um mich abzustützen, weil ich sonst mit dem Kopf gegen die Scheibe geknallt wäre. Und wie, fragte ich, nachdem das Auto zum Stehen gekommen war. Und wie? Ich wollte ganz sachlich erscheinen. Im Schlaf erwürgt, erwiderte Reinhold und hielt, als wir uns nach ihm umdrehten, wie zur Bestätigung die Hände in die Höhe, zog dann die kleine Flasche hervor und reichte sie uns.

Wir stiegen aus und liefen ein Stück die Böschung hinunter, die neben der Straße zu einer Wiese abfiel. Natürlich bestand kein Zweifel, daß Reinhold richtig gehandelt hatte, nur daß er es getan hatte, als sein Schwager schlief, bereitete uns Kopfzerbrechen. Warum, während er schlief, fragte Jürgen, drehte plötzlich um und stieg die Böschung wieder hoch. Reinhold und ich folgten ihm, nebeneinander zunächst, Schulter an Schulter, bis Reinhold vorlief, Jürgen überholte und im gleichen Augenblick, in dem ich Jürgen erreichte, auf der Kühlerhaube Platz nahm. Oder vielleicht lehnte er sich auch nur dagegen. Er sah von oben zu, wie wir herankraxelten, und hatte dabei die Hände über den Schritt gelegt, wie Fußballspieler, wenn sie sich bei einem Freistoß zur Mauer aufstellten.

Aber er hatte seinen Schwager nicht umgebracht, er hat es an diesem Abend nicht getan und auch nicht an einem anderen. Und er zog auch nicht weg, sondern heiratete zwei Jahre, nachdem er die Lehre abgeschlossen hatte, die Tochter des Friseurs, die sich in seine Hände verliebt hatte. Warum soll ich wegziehen, sagte er an dem Tag, an dem ich ihn zum letzten Mal traf. Wir saßen auf dem Hang überm Dorf und blickten auf die Chaussee hinab, auf der wir Jahre zuvor mit der Musik aus dem Autoradio, mit dem Wind, der ins Fenster schoß, entlanggefahren waren. Seine Hände, die immer noch schön waren, zupften an den Gräsern herum, und als wir ins Dorf hinunterstiegen, sagte er: Laß uns eine Karte schreiben, nach Singapur.

Ja, sagte ich, laß uns das tun. Er wußte auch, welche Karte es sein sollte, er hatte sie aus Italien mitgebracht und für diese Gelegenheit aufgehoben. Sie zeigte das Auto des Lehrers, nur daß dessen Auto blau gewesen war, während das auf der Karte rot war. Lieber Jürgen, schrieb er, Heinz und ich würden gern mit dir über Land fahren. Danach berichtete er ihm, was sich Neues im Dorf zugetragen hatte. Es war so viel, daß am Ende nur eine winzige Ecke frei blieb, gerade soviel, daß ich noch meinen Namen darunter setzen konnte.

DER LÜTTJE PÜTT
- K Y

Nadja hatte mir geschrieben, sie würde mich mit offenen Armen und Beinen am Bahnhof empfangen, doch als ich dann in Bramme aus dem Intercity sprang, war sie nicht erschienen. Natürlich brach ich nicht in Tränen aus, denn als 25jähriger Diplom-Kaufmann und Topmanager von morgen tat man das nicht, doch mir war schon verdammt weinerlich zumute. Noch schlimmer wurde es, als ich auf den Vorplatz kam, der so voller Staub und Hitze war und so verlassen, daß ich unweigerlich die Highnoon-Melodie zu hören glaubte: Do not forsake me now and ever. Doch sie schien mich verlassen zu haben. Meine erste Reaktion war: Rein in den Zug und nach Berlin-Hauptstadt zurück, doch eine schnelle Kosten-Nutzen-Analyse ergab, daß das falsch gewesen wäre, denn nur in der Buth KG in Bramme – ›Wohne gut mit Buth‹ – bekam ich die empirischen Daten zusammen, die für meine Dissertation über das Thema *Autopoietische Elemente im System eines mittelständischen Betriebes* unabdingbar waren. Sicher war noch nichts, aber Nadja, zuständig für Buths Public Relations, hatte mir für den späten Nachmittag einen Termin beim Chef verschaffen können.

Da Stadt- und Landstreicher auf sämtlichen Bänken hockten oder lagen, blieb mir nur mein Koffer. Ich setzte mich in den Schatten und wartete, legte das verschwitzte Gesicht in die Schale meiner Hände und döste leise schimpfend vor mich hin.

»Hallo, Jan!« Ein mehr als kleiner Wagen hielt vor mir, und Nadja sprang heraus, riß mich hoch, umarmte mich. »Entschuldigung, aber die Beerdigung hat länger

„Interessant. Der kleine Panda hat also den FIRE-Motor bekommen und die Liegesitze behalten. He! Mensch! Das ist ja meine Tochter!!"

Panda FIRE. Die tolle Kiste.

„Junge, Junge, zu unserer Zeit hätte sich das keiner getraut. Aber dieser Fiat Panda besitzt eben das, worauf die neumodischen Leute fliegen: 7fach verstellbare Rückbank, eine kuschelweiche Polsterung und eine beneidenswerte Portion Pfeffer. Unter uns, dieses Temperament kommt nicht von ungefähr. Immerhin versteckt der Fiat Panda einen FIRE-Motor zwischen seinen Vorderrädern. Abgesehen davon, lebt er auch noch strikt nach Diät (5,0/6,2 Liter bei 90 km/h, Stadtverkehr, nach DIN 70030-1). Was ihn unserer Stammtischrunde auch nicht sympathischer macht. Aber dieser sparsame Gefährte weiß eben, daß allein schon sein Anblick viele Herzen höher schlagen läßt."

gedauert, als wir angenommen hatten... Das ist mein Bruder Natsch... Und das Auto hier, das ist der Lüttjepütt.« Aus dem babyblauen Gefährt stieg ein ziemlich unrasierter Jüngling in Turnschuhen, dunkelblauen Jeans und schwarzer Lederweste, band sich ein rotes Piratentuch um Stirn und Hinterkopf und begrüßte mich mit einem »Hey, Alter, alles okay!«

Wir fuhren zu dritt im Lüttjepütt nach Wietzenbruch hinaus, wo die Natschinskis ein vor Jahrzehnten geerbtes Einfamilienhaus bewohnten.

Nadjas Vater war Lokführer bei der Deutschen Bundesbahn, und die einsamen Tage und Nächte im Führerstand hatten ihn wortkarg und fast autistisch werden lassen, so daß das »Herzlich willkommen!«, mit dem er mich begrüßte, fast schon als eine Rede anzusehen war. Ihre Mutter, Haus- und Putzfrau, war dagegen das, was die Berliner eine Quasselstrippe nannten, sie erzählte mir beim Mittagessen in nervtötender Ausführlichkeit von Tante Agnes' Tod. »Kommt aus der DDR in den Westen, um hier in Freiheit und Wohlstand ihre letzten Lebensjahre zu verbringen... Werden ja alle über achtzig in unserer Familie mütterlicherseits... Nimmt das erste Bad bei uns und stirbt dabei... Herzschlag, das Wasser viel zu heiß... Hatte nicht gewußt, wie das so geht mit 'ner Mischbatterie... Die Ärmste die...! Aber so ist wenigstens die Mansarde oben frei für Sie.«

»Erst muß er mal den Buth herumgekriegt haben, daß der ihn bei sich forschen läßt«, warf Nadja ein. »Aber wenn Jan hier wohnt, brauchen wir auf alle Fälle 'n größeren Wagen, da reicht der Lüttjepütt nicht mehr.«

»Genehmigt!« sagte ihr Vater, und ihre Mutter fügte hinzu, daß sie sehnsüchtig auf neue Familienmitglieder warteten, um endlich einen einsehbaren Grund zu haben, sich mal so einen richtigen Straßenkreuzer zuzulegen. »Unser Sohn hätte den Lüttjepütt ja gerne als Zweitwagen behalten, aber das ist bei unserm bißchen Einkommen nicht drin. Der wird in Zahlung gegeben!«

Natsch stand auf. »Dann fahr ich noch 'n bißchen mit...«

Seine Mutter sah ihm nach, wie er das Haus verließ und draußen in den kleinen babyblauen Wagen stieg. »Selber Geld verdienen, nee, is nicht drin bei ihm! Die Schule fertig, und damit, denkt er, hat er genug geleistet im Leben. Nur durch die Gegend kutschieren und die Zeit vertrödeln, trinken, quatschen und... naja... Sie wissen schon!«

»Gute Idee!« sagte Nadja und nahm mich in ihr Zimmer mit, wo wir so lange menschelten, bis die Zeit gekommen war, sich für das alles entscheidende Gespräch mit Günther Buth in Schale zu werfen.

Nadja hatte mich so in Schwung gebracht, daß ich brillant war. »Das ist der letzte Schrei der Organisationswissenschaft: die Autopoiesis, die Idee vom sozialen System, das sich selber strukturiert und steuert. Wenn ich das bei Ihnen nachweisen kann und die Ergebnisse dann veröffentliche, bringt das gewiß erhebliche PR-Gewinne für Ihr Unternehmen und Sie.«

Buth lachte und bemerkte, daß seine Na-Na, also die Nadja Natschinski, dafür schon Sorge tragen werde. »Dann forschen Sie mal schön! Das Geld ist da, und der Vertrag kommt morgen! Aber verschwinden Sie nicht auch so plötzlich wie letztes Jahr Nadjas Verwandte aus... aus... na: Sibiu!«

»Wer?« Ich konnte ihm nicht folgen.

»Eine Tante und ein Onkel von ihr, Rumäniendeutsche... Sibiu gleich Hermannstadt. Da hatte sie mich auch

gebeten, die in der Möbelfabrik hier... Hatte ich auch, trotz der vielen Leute ohne Job in Bramme selbst, aber schon nach vierzehn Tagen sind sie nicht mehr am Arbeitsplatz erschienen. Beide ab nach Bochum!«
»Na, bei mir ist die Interessenlage ja nun doch eine gänzlich andere«, beschwor ich ihn, und er glaubte es auch.
So zog ich dann in das Mansardenzimmer ein, das noch angefüllt war mit den Sachen, die Tante Agnes aus Potsdam mitgebracht hatte. Sie war ja längst unter der Erde, und was machte es da, wenn ich ein wenig in ihren Hinterlassenschaften wühlte. In alten Briefen zu lesen war eh eine meiner stillen Leidenschaften. Was obenauf lag, war wenig ergiebig, dann aber stieß ich auf einen Brief, in dem Nadja per Laserdrucker ihrer Tante die Mitteilung machte, daß sich ein gewisser Henning, ihr Verlobter, oh, vor den Zug geworfen hätte und gestorben sei. Ich eilte zu ihr hinunter, denn bis dahin hatte ich von alledem nicht das geringste gewußt.
»Ja, leider« Nadja senkte den Blick. »Einen Tag bevor er hier einziehen sollte. Da muß ihn die große Depression gepackt haben, daß es nun vorbei ist mit seiner über alles geliebten Autonomie... Die Angst vor dem Leben zu zweit.« »Die hab ich nicht, im Gegenteil!« Ich umarmte sie, und wir menschelten zum drittenmal an diesem Tage.
Natsch klopfte an Nadjas Zimmertür. »Jan, du wolltest mit ins Weser-Stadion! Werder wartet mit dem Anpfiff nicht extra auf dich!«
»Noch nicht!« betonte ich. »In zehn Jahren hab' ich 'ne eigne Firma und die ganze Mannschaft aufgekauft!«
Fünf Minuten später, so lange dauerten Abschiedsküsse bei Nadja und mir, saßen wir im Lüttjepütt und fuhren Richtung Bremen, auf Wirtschaftswegen quer

Zu Semesterbeginn war einfach kein Zimmer zu kriegen. Trotzdem hatte er jede Nacht ein Dach überm Kopf.

Fiat Panda. Die tolle Kiste.

Alle Lehnen flach: das Doppelbett (7fach verstellbare Rückbank). Wohnlich: Stoffbezüge, abknöpfbar, Bouclé-Teppiche. Verbundglas-Frontscheibe, getönte Scheiben rundum, Heckscheibenwischer, Kunststoffschutzschilde, Flankenschutz, 6 Jahre Gewährleistung gegen Durchrostungs-Schäden. Stark: 33 kW/45 PS, über 140 km/h. Sparsam: 5,8/7,5/8,4 Liter Super bei 90/120/Stadtverkehr (DIN 70030-1). Testwert ADAC-Motorwelt: 5,7 Liter. 9 690 Mark (unverbindliche Preisempfehlung der Fiat Automobil AG ab Kippenheim/Baden). Da staunt der Student der Betriebswirtschaftslehre.

durchs Brammer Moor. Natsch erzählte mir, daß sein Spitz- und Quasirufname nicht allein vom Natschinski herkäme, sondern vom jungen Helden einer australischen Fernsehserie, der Nudge hieße.

»Was machen denn da deine Freunde, wenn sie dir schreiben?«

»Ich habe keine«, erwiderte Natsch. »Nur einen, den ich liebe: den Lüttjepütt hier.« Er küßte das Lenkrad seines kleinen Wagens. »Ihn wasche ich jeden Tag... Wie mein Baby... Und ihm habe ich gerade ein schönes Haus gebaut.«

Ich guckte etwas irritiert. »Du meinst. die Garage vorm Haus?«

Natsch stöhnte auf, denn in dieser Sekunde begann der Motor ein wenig zu stottern. »Sein Herz! O Gott!«

Er bremste und sprang auf die Straße hinaus, um die Motorhaube aufzureißen, hatte herausgetropftes Öl am Finger. »Blut!«

»Hör auf zu spinnen!« sagte ich. »Laß ihn verschrotten, dein Vater kauft dir doch 'n großen Wagen!«

»Der stirbt mir nicht!« schrie Natsch und küßte das blaue Blech neben den fein aufgemalten Buchstaben. »Eher sterbt ihr alle!«

Ich lachte. »Du bist 'n großartiger Schauspieler, Natsch, aber ich will zum Fußballspiel!«

Da riß er eine Pistole aus der Innentasche seiner schwarzen Lederweste und hielt mir den Lauf entgegen. »Keiner nimmt mir meinen kleinen Wagen weg, meinen Lüttjepütt! Keiner von euch Schweinen. Immer wollt ihr mehr werden, damit Vater einen großen Wagen kauft – aber ihr werdet niemals mehr werden in Wietzenbruch! Vier passen in den Lüttjepütt – und nie werden wir mehr sein als vier!«

Ich wurde bleich. »Sag bloß, du hast...!?«
»Ja!« schrie er mir entgegen. »Ich habe! Tante Agnes ist am Herzschlag gestorben, aber nicht, weil das Wasser in der Badewanne so heiß war, sondern weil ich sie an den Beinen hochgerissen und so lange gehalten habe, bis sie... naja. Und Henning, als der bei uns einziehen wollte, der hat sich nicht vor den Zug geworfen, den habe ich gestoßen! Und die beiden Verwandten aus Rumänien, als die bei uns wohnen wollten, die sind nicht ab nach Bochum, sondern hier im Moor verschwunden... So, wie du in der nächsten Minute... Bei uns gibt es niemals einen großen Wagen!«

Dann schoß er.

Wieviel Chauffeure sollten 12 Zylinder heute beschäftigen? Einen? Zwei? Oder drei?

Fiat Panda. Die tolle Kiste.

Wir meinen, drei. Denn mehr als die 4 Zylinder und die 44 Pferdestärken des Panda 1000 CL Plus muß ein Chauffeur nicht für sich arbeiten lassen, um Sie beruflich und privat voranzubringen. Mit max. 138 km/h können Sie die Qualitäten des Panda noch intensiver genießen: die omegaförmige Hinterachse, den wunderbaren Ausblick durch die 100 % transparenten Seitenfenster, die Haltegriffe hinten. Falls Sie dennoch lieber auf den Luxus des Gefahrenwerdens verzichten wollen, können Sie ja ein paar Mitarbeiter mehr einstellen. Oder verdienten Mitarbeitern einen Panda schenken. Was uns noch mehr freuen würde.

Panda 750 L Plus
DM 9.990,-*

Panda 1000 CL Plus
DM 11.690,-*

Panda 4 x 4 Sisley
DM 15.250,-*

*unverbindliche Preisempfehlung ab Kippenheim

FRÜHSTÜCK IM FRANZISKANER
ASTA SCHEIB

Regen fällt. Von Schneeflocken durchmischt, aber doch Regen. Er macht die Freude über einen frühen Schneewinter zunichte. Die Flocken, die immer schneller fallen, dünner und schließlich zu Regenfäden werden, schmelzen die weißen Schneehüllen der Häuser und Straßen zu schmuddeligen Ruinen. Wie immer an meinem Geburtstag. Früher ist mir nicht aufgefallen, daß mein Geburtstag sich gegen die Schönheit des Winters stemmt. Ihre Zerstörung einleitet. Früher war ich stolz auf mein Sternzeichen und zählte die Tage, war verliebt in das Datum. 22. November.
 Letztes Jahr habe ich erst am Abend bemerkt, daß ich Geburtstag hatte. Es fiel mir erst auf, als die Schneeflokken, die ihr Verbrämungswerk so tänzerisch und elegant begonnen hatten, als diese Schneeflocken sich wie dünne Nadeln in den Schnee bohrten, da fiel mir ein, daß heute mein Geburtstag sein müsse. Mein Mann kann nicht an alles denken. Heute jedoch ging das Telefon, gerade, als ich vor dem Haus den Schneematsch wegkehrte. Mein Mann sagte, er habe einen Termin in der Residenzstraße. Das könne er gut damit verbinden, mit mir im *Franziskaner* Weißwürste zu essen.
 Eilig hole ich mein Auto aus der Garage. Der kleine italienische Wagen sieht fast verloren aus auf dem Platz, der für das große Auto meines Mannes bestimmt ist. Immer, wenn mein Mann in der Kanzlei ist oder auf Reisen, fahre ich meinen Panda in die Garage. Wäre der Panda ein Kind und kein Auto, würde er diesen Herbst in die Schule kommen. Niemand hätte je gedacht, daß ich

„Liebe Susi, bin in Duisburg. Habe ein kleines Mitbringsel für Dich. Bis Mittwoch. Dein Hein."

Fiat Panda. Die tolle Kiste.

3,38 Meter schön. Schutzschilde vorn und hinten. Flankenschutz. Stoffbezüge abknöpfbar und leicht zu reinigen. 7fach verstellbare Rückbank. Vom Fünfsitzer bis zur Babywiege (s. Skizze). Seitentüren 107 cm breit, 101 cm hoch. 4 Ausstellfenster. 5 Sicherheitsgurte. 6 Jahre Gewährleistung gegen Durchrostungs-Schäden. Bouclé-Boden vorn. Gummi im Laderaum. Dachhimmel verkleidet. Heckscheibenwischer. Rückfahrleuchte. Nebelschlußleuchte. 33 kW/45 PS, Spitze 140 km/h. Verbrauch (Super nach DIN 70030-1): 5,8 l bei 90 km/h, 7,5 l bei 120 km/h, 8,4 l im Stadtverkehr. Keine Ebbe in der Haushaltskasse, Susi.

FIAT

„Ihr werdet sehen", sagte der Lokführer, „eines Tages gibt es Züge mit Allradantrieb".

Fiat Panda 4 x 4. Die Allradkiste.

Allradantrieb bedeutet: Alle verfügbaren Räder werden angetrieben. Ergebnis: Trotz Regen, Eis, Schnee kommt der Chef pünktlich ins Büro, das Kind sicher zur Schule und der Tierarzt rechtzeitig zur Kuh. Genug Platz für Arzt-, Schul- und Aktentaschen: bis zu 1 m^3 Laderaum wie in allen Panda. Zuschaltbarer Allradantrieb, griffige Reifen, bis zu 50% Steigfähigkeit. Kostenpunkt: 14.650,– DM, unverbindliche Preisempfehlung ab Kippenheim/Baden. „Na endlich", sagte der Lokführer, „der Zweitwagen, den man sich leisten kann."

1,9% effektiver Jahreszins für alle Fiat Panda. Ein Angebot der Fiat Kredit Bank.

F I A T

Fiat Panda 34: 9.500,–. Fiat Panda 45: 10.100,–. Fiat Panda Super: 11.150,–. Unverbindliche Preisempfehlungen ab Kippenheim/Baden.

überhaupt die Fahrprüfung schaffe. Am allerwenigsten mein Mann. Na bitte, sagte mein Mann, als ich zum zweitenmal bei der Prüfung durchfiel. Doch beim drittenmal gehorchten mir all die Knöpfe und Hebel, rollte der Wagen so, wie ich es wollte. Damals war ich schon einig mit dem Händler, der für mich die Augen des Panda aufleuchten ließ. Inzwischen ist mein Auto so ziemlich der einzige Ort, in dem ich mein Alleinsein aushalte, wenn ich mich mit anderen einordne in das komplizierte Verkehrsgeflecht.

Ich stelle mein Auto am Marstall ab, verlasse es wie ein Soldat seinen Unterstand. Ich springe über die Kettenabsperrung, es treibt mich an der Oper vorbei, denn ich fürchte, meiner Cousine zu begegnen, die hier lebt und ihr Spinnennetz immer enger knüpft. Sie verzeiht mir nicht, daß ich es war, der unsere Tante ihr Vermögen vermacht hat. Und sie vertraut Freunden an, daß mein Mann mich nur wegen dieses Geldes geheiratet habe. Sie ist ganz sicher. Überall spüre ich die Fäden ihres Spinnennetzes. Bis ich sie bemerke, bin ich schon gestürzt.

Wohin ich komme, sie war schon da. Sie sorgt sich um meine Freunde. Vor allem sorgt sie sich um meinen Mann. Erzählt ihm Geschichten über mich, nacherzählte, leicht veränderte. Sie weiß, daß es meinen Mann bestätigt, wenn er über mich empört sein kann. Daß ihm jeder Mensch recht ist, der ihn in diesen von ihm so geschätzten Zustand versetzt, aber die Mutmaßungen meiner Cousine sind ihm die liebsten. Ich selber versuche schon nach Kräften, meinen Mann gegen mich aufzubringen, aber lieber nährt er seine Empörung über mich aus zweiter Hand.

Ich beeile mich, in den *Franziskaner* zu kommen und stelle auf halbem Wege fest, daß ich versehentlich in meinen alten Turnschuhen aus dem Haus gegangen bin. Obwohl ich mich sonst korrekt auf das Treffen mit meinem eleganten Mann vorbereitet habe. Lodenkostüm, Lodenmantel, Mayserhut. Mit den Turnschuhen jedoch bilden sie eine Disharmonie, die ich vor meinem Mann nicht rechtfertigen kann. Diese Verlegenheit peitscht mich geradezu durch die Maximilianstraße, die mir meiner Cousine wegen ohnehin schwer passierbar ist.

Vor dem *Franziskaner* steht eine große Dame im Pelz. Friß nicht das böse Salz, mein Liebling, sagt sie zu ihrem Hund. Der war mit Sicherheit aus Gergweis, denn er fraß doch das böse Salz. Unser Hund Willi – er ist aus Gergweis – täte das auch. Er beißt mich, wenn ich mich in meiner Zerstreutheit neben meinem Mann auf dem Beifahrersitz niederlassen will, den Willi innehat. Davon abgesehen, verdanke ich Willi meine Kontakte zur älteren Bevölkerung, die ich ohne Willi nicht hätte. Allein habe ich auch kein Ich. In mir denkt die Tageszeitung, fühlt das Rundfunkorchester, handelt die Eurovision. Ich bin ausgestopft mit Buchstaben, überzeugt von Theorien ständig wechselnder Kompetenzen. Ich habe das kleine Fontaneum, einen Fuß in Robin Wood. Ich bin ein Lodenkostüm voller Zufälligkeiten.

Der Kellner im *Franziskaner* ist mit meinem Mayserhut zufrieden, ich kann unbemerkt meine nassen Turnschuhe ausziehen und sie unter dem Tisch mit der *Süddeutschen Zeitung* ausstopfen. Dazu verwende ich nur die Anzeigenseite von Karstadt Oberpollinger, sonst verprelle ich unseren Nachbarn, der sich abends immer unsere Zeitung holt. Er ist wohlhabend, Arzt mit einer stets überfüllten Praxis. Sicher könnte er die *Süddeutsche Zeitung* selber kaufen, doch er sagte mir, daß er sein Vermögen vom Behalten habe und nicht vom Ausgeben.

„Wie fanden Sie den neuen Fiat Panda Super?" – „Nach 2 Stunden Schneeschippen richtig toll."

Panda Super. Die tolle Kiste.

Wen es jetzt nach einem innen wie außen eleganten, sparsamen und leisen Auto gelüstet, dem sei ein Besuch beim Fiat Händler wärmstens empfohlen. Der neue Panda Super ist da. 4,8/6,7/7,1 Liter Super bei 90/120 km/h/ Stadtverkehr (Vergleichswerte DIN 70030-1). 14% weniger (1) als der sparsame 82er Panda. Grund: 5 Gänge (4). Deshalb auch viel leiser (5). 140 km/h Spitze, 33 kW/45 PS (DIN). Man sitzt bequem auf neuen, dicken Polstern und bestaunt elektrische Scheibenwascher (2), die neue Heizung (3), Bouclé-Teppiche, getönte Scheiben u. v. a. m. Man freut sich über die günstige Finanzierung oder die nicht minder günstigen Leasingbedingungen der Fiat Kredit Bank und die 6 Jahre Gewährleistung gegen Durchrostungs-Schäden. Die auch dann gelten, wenn der Panda jeden Morgen ausgegraben werden muß.

Neu:

Das leuchtet mir ein, doch wüßte ich niemanden, bei dem wir die *Süddeutsche Zeitung* mitlesen könnten, denn unser zweiter Nachbar hat ein Nachttopfmuseum, aber keine Zeitung. Ich sage dem Kellner, daß ich nicht bestellen möchte, weil mein Mann es unerträglich finden würde, nach mir zu essen. Allerdings verrate ich dem Kellner nicht, daß mein Mann das Alleinessen ablehnt, weil ich dann, von keinem Kauzwang gehemmt, auf ihn einreden könnte. Der Kellner ist trotz meiner Abstinenz reichlich beschäftigt mit dem Heißhunger eines Gastes, der am Nebentisch sitzt. Als ich meine nassen Turnschuhe unter dem Tisch versteckte, aß dieser Herr gerade Weißwürste aus der großen dampfenden Terrine. Danach brachte ihm der Kellner Tafelspitz, und jetzt steht eine Haxe mit Kraut vor ihm. Der Mann ißt alles ruhig, ernst und konzentriert. Etwas an ihm erinnert mich an unseren Kater. Diese gewisse Humorlosigkeit, diese Strenge hat auch unser Kater, wenn er der Katze Mimi das Futter wegfrißt. Ließe man unseren Kater in den *Franziskaner*, würde er ebensoviel bestellen wie der Herr am Nebentisch.

Ein junger Mann vor mir springt jetzt auf, weil ein blondes Mädchen hereinkommt und ihn anlacht. Noch zornig, aber schon viel mehr freudig ruft er: jawobleibstdudennsolang, und dann küßt er sie, und sie setzen sich, und es wird heller im Raum.

Mir fällt ein, daß ich seit einer halben Stunde auf meinen Mann warte. Ich beginne, mir die Worte zurechtzulegen, die ich zu seiner Begrüßung sagen könnte. Keineswegs dürfte ich so einfach sagen jawobleibstdudennsolang. Mein Mann ist sensibel. Leider habe ich in den zwanzig Jahren unserer Ehe keine Worte für ihn gefunden. Ich kann meinen Mann sehen, ich kann ihn hören, aber ich kann nicht mit ihm sprechen. Was ich auch in mich hineingefüllt habe, all die Fetzen und Brocken, ihm kann ich sie nicht hinwerfen. Er frißt mir nicht aus der Hand. Und so kann ich auch nicht freudig sagen: hallodabistdujaliebling. Darin sähe mein Mann eine Ironie, die mich nicht kleidet. Wenn nicht meine Worte meinen Mann verärgern, ist es mein Ton. Der Ton, sagt mein Mann, der Ton! Wenn du dich nur selber hören könntest. Ich kann mich aber nicht selber hören, niemand kann das. Aber so wie mein Mann mich hört, kann er es nicht akzeptieren. Daher beschließe ich, meinen Mann diesmal schweigend zu empfangen. Mit einem Lächeln. Dann würde er nach geraumer Zeit fragen, was ich gegen ihn habe, da ich so penetrant schweige. Aber bis dahin hätten wir unsere Weißwurst gegessen, und er müßte rasch in seine Kanzlei zurückgehen.

Als mein Mann nach einer Dreiviertelstunde immer noch nicht da ist, erbitte ich mir vom Kellner das Einverständnis, meinen Mann im weitverzweigten *Franziskaner* zu suchen. Ein Gast tritt mir auf die Zehen und erinnert mich dadurch daran, daß ich auf Strümpfen unterwegs bin. Auf Strümpfen und im Hut. Hätte ich am Morgen die Haare gewaschen, könnte ich jetzt wenigstens den Hut absetzen, aber so geht das nicht. Ich verdiene meinen gutgekleideten Mann nicht. Schließlich passiert nichts in meinem Leben, ich hätte Zeit genug gehabt, mich auf ein Weißwurstessen durch gutes Schuhwerk und wehendes Haar vorzubereiten, aber nein. So durchstreife ich den *Franziskaner*, Vagabund unter Seßhaften, die mir Heimat voraushaben und richtige Schuhe und richtige Wörter. Sie besitzen die wahren Töne, ihre Männer oder Frauen sind nicht gepachtet, sondern ererbt

Als der Scheidungsrichter ihm den Achtzylinder zusprach, fiel ihr ein Stein vom Herzen.

Fiat Panda. Die tolle Kiste.

Heckklappe auf, Rückbank vorgeklappt: Platz für 900 Liter Gepäck – 8 Kleiderkoffer, 3 Kosmetikkoffer. Unter der Haube: 33 kW/45 PS-Motor. Gut für viele km/h: über 140. Gut für wenige Liter Super nach DIN 70030-1/Vergleichswerte : 5,8/7,5/8,4 bei 90/120 km/h/Stadtverkehr, Testwert ADAC-Motorwelt: 5,7 Liter. 5-Sitzer, Stoffbezüge abnehmbar und leicht zu reinigen. 3 große Ablagefächer, 4 Ausstellfenster, Verbundglas-Frontscheibe, getönte Scheiben rundum, Heckscheibenwischer. Kunststoffschutzschilde, Flankenschutz, 6 Jahre Gewährleistung gegen Durchrostungs-Schäden. „Es ist nicht alles Gold, was glänzt", dachte sie und fuhr davon, ohne sich umzusehen.

von den Vätern. Mein Lächeln flattert über dem Abgrund, kann sich nirgends halten. Da sehe ich meinen Mann. Er sitzt unmittelbar neben dem Eingang Perusastraße und beugt sich gerade vor, damit er der Frau einen Kuß geben kann. Sie beugt sich auch vor, doch nur ein wenig. So wenig, wie ich es nie wagen würde. Mir ist kalt. So lange schon. Und da bietet sich mir ein Bild, Anlaß zur Verzweiflung, zum Sturzflug aus eigener Kraft, dem Ende entgegen. Apokalypse im *Franziskaner*, das paßt zu mir, zu meinem Hut. Im Mayserhut vor dem Jüngsten Gericht. Ich bitte um Milde. Auf Strümpfen gehe ich zum Marstall zurück. Der Panda steht da, Ausweg und Versteck. Er gibt mir die Illusion, zugehörig zu sein. Eine von denen, die, eingeschlossen in lackierte Gehäuse, nach feststehenden Gesetzen Gas geben, lenken, bremsen. In seinem Schutz komme ich heim ohne jede Kränkung und Gefahr.

Dieser Novembertag, mein Geburtstag, würde rasch dunkeln.

DER BLITZ VON SAN TIMO
UWE FRIESEL

Über eins jener versteckt gelegenen Felsnester östlich von Rom, die man auf keiner Landkarte findet, brach Mitte der achtziger Jahre plötzlich die automobile Neuzeit herein. Bis dahin hatten die endlosen Treppen zwischen den übereinandergetürmten Häusern ausgereicht. Auf Mulis und einrädrigen Karren, für die man Zementkeile von einer Fußbreite zwischen die Stufen gegossen hatte, ließen sich sowohl das Kaminholz aus den steil abfallenden Weingärten als auch die Wasserfässer transportieren, wenn in der Hitze des Sommers die Dürre einsetzte und die Leitungen versiegten. Die älteren unter den Frauen beherrschten noch die Kunst, mit einem randvollen Plastikeimer auf dem Kopf unter Mißachtung der Schwerkraft jene steinernen Stufen hinaufzuschweben, ihren schweren schwarzen Röcken und ihrer Körperfülle zum Trotz.

Nun sollte all dies nicht mehr genügen. Eine Bürgerinitiative verlangte auf giftgrünen Plakaten, die auf dem grauen Mauerwerk kaum haften blieben, es müsse im Oberteil des Dorfes, dort, wo die Landstraße zwischen Palestrina und Subiaco entlangführt, eine Anbindung ans Zentrum geben, an jenen winzigen Schattenfleck also, wo die Kirche San Antonio stand. Der Bus aus Rom sollte nicht länger kilometerweit am Ort vorbeifahren und die blumenbedeckten Särge sollten nach der Totenmesse künftighin in einer lautlosen Limousine, ringsum verglast und mit silbern blinkenden Halterungen für Kränze und Kerzen versehen, in angemessener Langsamkeit der

„Omi", hat der Bua gesagt, „ich kann's nimmer sehn, wie du dich abplagst. Jetzt kommt ein Panda 4 x 4 in den Stall."

Fiat Panda 4 x 4. Die Allradkiste.

Der ganze Kuhstall freut sich: „Diese warmen Hände!" Die 2-Stufen-Heizung des Panda sorgt endlich für wohltemperiertes Melken nach dem Almauftrieb. Der Bauer freut sich: Die neue, vierradgetriebene Landmaschine verbraucht nur 5,9/7,9/7,9 l Super (verbleit) bei 90/120 km/h/Stadtverkehr/Gipfelsturm (Vergleichswerte nach DIN 70030-1). Die Sennerin freut sich: Der tägliche Heu-Bedarf eines fünfköpfigen Kuhstalls findet im 1088 Liter fassenden Laderaum ebenso Platz wie die fünf großen Milchkannen. Und auch der Bua freut sich: Die 35 kW/ 48 DIN-PS bringen ihn mit ca. 135 km/h Spitze pünktlich ins Tal. Zum Fensterln.

Trauergemeinde voranrollen können, von der Kirche bis hinüber zum Friedhofskarree jenseits der Landstraße. Dort fiel der Berg wiederum steil ab, nach Norden, in den Schatten von Zypressen, in den Hades, ins Nichts. Aber am Südhang dieses im Mittagsglast kaum auseinanderzuhaltenden Geschachtels von Häusern, das unversehens in Wein- und Olivenhänge überging – das heißt, erst kam noch ein Saum aus Kaninchenkisten und Ziegenställen, dazwischen Salatbeete und drei oder vier Pfirsichbäume –, wohnten ein paar alte Weinbauern, zu denen man vom Zentrum her nur treppab gelangte. Hier nun sollte ein Felseinschnitt, der voller Geröll und Abfall war, zu einer Parkplatz-Rampe aufgeschüttet und durch das Nadelöhr eines mittelalterlichen Stadttores mittels einer Teerstraße mit dem Ortskern verbunden werden. Dann könnten auch die Hangbauern, von oben kommend, endlich bis an ihr Haus heranfahren. Auch bei Krankentransporten wäre dies doch von Vorteil. Oder nicht?

Die Alten standen grummelnd vor den Plakaten und kratzten sich die Schädel. Wir brauchen hier keine Autos. Wir tragen alles selbst herauf, seit Jahrtausenden, und für schwere Last genügen uns die Mulis, die schließlich was zu tun haben müssen, sonst fressen sie uns die Haare vom Kopf und werden übermütig. Man muß nur einmal mit dem Bus nach Subiaco fahren, um zu erkennen, wohin es führt, wenn in jeder Ecke ein Auto steht. Nirgends ist dann noch Platz für ein Schwätzchen, und gefährlich ist's auch, und die Leute werden nicht mehr hundert Jahre alt wie jetzt, sondern sterben mit achtzig an Krebs und nervösem Magen.

Eben deshalb, argumentierten die Straßen-Anhänger, junge Leute meist, deren Frauen das Wassertragen auf dem Kopf nicht mehr beherrschten, halte man ja die

Durchfahrt so eng wie möglich. Niemand könne da unbefugt sein Auto herumstehen lassen. Vielmehr müßten alle auf der Rampe parken, jener aufgeschütteten Talkerbe, wo jetzt in aller Öffentlichkeit die Exkremente aus den Scheißhäuschen landeten, durch Tonrohre in die Tiefe geschleust und dort, im Schutze üppig grünenden Unkrauts, sich einfach so ins Freie ergießend, kein sehr schöner Gedanke und mächtig stinkend zudem bei praller Sonne und ungünstigem Wind.

Raffaele war arm. Mit Frau, Sohn, Schwiegertochter und zwei Enkelinnen wohnte er in einem der engsten Häuser am unteren Rand von San Timo, das seine Bewohner auch Centesimo nannten, weil es so klein und nichtswürdig schien. Doch seine Frau hatte vor gut einem Menschenalter einen Autobianchi-Kombi von fünfhundert Kubik mit in die Ehe gebracht, mit einer schier unfaßbaren Ladefläche (die Rücksitze waren für immer abmontiert), die den Transport von drei Zentnern Kartoffeln, Nüssen und Knüppelholz erlaubte, nicht zu vergessen der selbstgeschweißte Dachgepäckträger, auf dem notfalls, allerdings dann das Auto um eine Armlänge überragend, auch eine Haustür Platz fand, liegend, mit noch allerlei obendrauf, zum Beispiel einem Polstersessel oder ähnlichem. Bisher hatte er dieses Prachtstück, das inzwischen einige Teile wie Seitenspiegel, Ersatzreifen und linken vorderen Scheinwerfer eingebüßt hatte, am Ende eines Feldweges geparkt und war die restliche Strecke, zunächst durch die Gärten der Nachbarn, dann über speckglatte Steinstufen, mit einer unglaublichen Last auf dem Kopf seiner Frau und einem ausgebeulten Rucksack auf dem eigenen krummen Rücken, zu Fuß gestiegen, in jenem eigentümlich wiegenden, unendlich geduldigen Schritt, der sie mit der Mittagshitze verschmelzen ließ, während die Zikaden die Stille zersägten, als bekämen sie's bezahlt. Es herrschte aber weithin Tauschhandel in Centesimo. Bezahlt bekam hier keiner was. Die Rampe wurde gebaut, mitsamt einer Kanalisation für die Häuser am Fels. So wenig Platz war zwischen den engstehenden Mauern, daß außer einigen Cinquecentos, motorisierten Vespa-Dreirädern und eben Raffaeles Transporter kein anderes Gefährt die Kurve kriegte, im wahrsten Sinne des Wortes nicht ohne am Eckhaus des Straßenkehrers anzukratzen. Nachdem dieser hintereinander drei Prozesse gewonnen hatte, was ihm immerhin die Renovierung seiner rückwärtigen Hauswand samt Regenrohr einbrachte, war klar: nur die privilegierte Schicht der allerkleinsten Kleinwagenbesitzer kam in den Genuß des neuen Abstellplatzes, Raffaele einzig wegen seiner abgezirkelten Fahrkunst. Weniger Kundige hätten mit dem Dachgarten des Autobianchi auch noch die maroden Fensterläden des Straßenkehrers saniert.

Raffaeles Kombi verfügte über vier glattgefahrene Reifen, die auf normalem Asphalt durchdrehten. Jedoch auf den halsbrecherischen Feldwegen rund um San Timo und auf der Betonrampe, für deren Asphaltierung das Geld der Gemeinde nicht mehr reichte, hafteten sie hervorragend. Es war die zweite Bereifung. Die erste hatte etwa einhunderttausend Kilometer überdauert. Die täglichen Fahrten in den Weinberg und zurück, die wöchentlichen Abstecher nach Subiaco sowie das Abholen des in Rom beschäftigten Sohnes von der Eisenbahnlinie Rom-Monte Cassino hatten sich im Laufe der Jahrzehnte zu mehreren Erdumrundungen addiert, die man dem Fahrzeug und seiner Bereifung zwar ansah, aber nicht glauben mochte. Eigentlich fuhr das Auto auch gar

„Darf ich dich", sagte Sepp zum Ferkel, „mit dem neuen Sparschwein des Herrn Grafen bekannt machen?"

Fiat Panda. Die tolle Kiste.

Schweinerei, wie die Benzinpreise steigen. Da kommen die neuen Fiat Panda gerade richtig: noch sparsamer mit 5,0/7,0/7,1 Liter Super auf 100 km bei 90/120 km/h/Stadtverkehr (nach DIN 70030-1). Noch leiser durch bessere Schall-Isolierung. Gut gemästet: Verbundglas-Frontscheibe, getönte Scheiben, Kunststoffschutzschilde, Flankenschutz, Gürtelreifen. Am Heck kein Ringelpiez mit Anfassen, sondern Scheibenwischer und -wascher und Heckscheibenheizung. Dickbäuchig: Platz für 5, 7fach verstellbare Rückbank. Es ist zum Quieken. 6 Jahre Gewährleistung gegen Durchrostungsschäden. Und ein Kaufpreis, bei dem man sich nichts aus den Rippen schneiden muß.

„Was sagt Ihr Sohn denn jetzt zu Ihnen, wo Sie den großen Wagen verkauft haben?" „Er sagt weiter Papa zu mir."

Fiat Panda. Die tolle Kiste.

Wo ist der Neue klein? Außen: 3,38 Meter. Innen groß: Platz für 5, 7fach verstellbare Rückbank, Laderaum bis 1088 Liter. Groß ausgestattet: Stoffbezüge, Teppiche, 4 Ausstellfenster, getönte Scheiben rundum, heizbare Heckscheibe, Heckscheibenwischer. Groß im Nehmen, deshalb 6 Jahre Gewährleistung gegen Durchrostungsschäden. An der Tankstelle wieder ein Kleiner: 5,8/7,5/8,4 Liter Super bei 90/120 km/h/Stadtverkehr (Vergleichswerte DIN 70030-1). 33 kW/45 PS leisten Großes: 140 km/h Spitze. Klein: 9.990 Mark (unverbindliche Preisempfehlung der Fiat Automobil AG ab Kippenheim/Baden). Da ist noch eine Taschengelderhöhung drin.

nicht mehr. Es mußte erst von Raffaele gelobt und mittels eines Kabels, das er statt des verlorenen Schlüssels zur Zündung verwendete, fachmännisch in Gang gesetzt werden, ehe es mit einigen Fehlzündungen talwärts rollte. Der Sohn schämte sich, bei Tageslicht in diesem Vehikel abgeholt zu werden, so daß Raffaele immer erst spät zum Bahnhof kam. Da hatte der Sohn schon vier, fünf Stunden in der Bahnhofsbar gesessen, Karten gespielt und Wein getrunken. Doch es schien, daß der Autobianchi auf den glatten Teerstraßen bockig wurde und bei Überschreiten einer bestimmten, von Temperatur und Tageszeit abhängigen Geschwindigkeit absichtlich zu seinen störrischen Startgeräuschen zurückkehrte oder gar stehenblieb. Dann bedurfte es Raffaeles ganzer Überredungskunst, bis der Motor — eine ölige Handvoll Metall, von etlichen Drähten und Spangen, die nicht im ursprünglichen Bauplan enthalten waren, kunstvoll zusammengehalten — sich keuchend und spuckend wieder an die Arbeit machte.

Ganz anders in den Weinbergen. Hier genügten zwei Spurrillen und sehr viel Mittagssonne, um das Gefährt zu den ungewöhnlichsten Transportleistungen zu bewegen, von denen seine Konstrukteure nicht zu träumen gewagt hätten. Es zeigte sich aber, daß die Rampe die Bevölkerung von San Timo polarisierte – nicht nur in Besitzer von großen und kleinen, alten und neuen Autos, sondern auch in Alte und Junge. Am ersten Jahrestag ihrer Einweihung standen an den Quaderwänden rings um die Kirche San Antonio Sprühdosendrohungen zu lesen gegen den Parkplatz und seine Erfinder. Die Neuigkeit verbreitete sich mit Lichtgeschwindigkeit im ganzen Ort und wurde in allen drei Kneipen und Kaffee-Bars diskutiert. Indes, die Sprayer blieben unentdeckt. Sonderbar. Sonst blieb nie etwas unentdeckt in San Timo.

An diesem ominösen Jahrestag nun war es schon am Morgen drückend schwül. Über den Bergen von Palestrina türmten sich Wolken. Die Maultiere unter den Ölbäumen schlugen besonders heftig mit den Schweifen. Auch war die Farbe der Wolkentürme nicht die zu dieser Jahreszeit gewohnte. Die Bauern zögerten. Einzig Raffaele und seine Frau fuhren unbeirrt zu Tal, nachdem der Autobianchi trotz einer ausrangierten Badewanne auf dem Dachgepäckträger das Haus des Straßenkehrers kunstvoll umrundet hatte. Jede seiner Fehlzündungen kam einer Explosion gleich. Doch die Hähne hatten vor einer halben Stunde gekräht, und auch die Glocke von San Antonio hatte schon zur Frühmesse gerufen, da konnte sich niemand mehr beschweren. Außerdem, er, Raffaele, hielt zu jeder Siesta die Fernseher der Nachbarn aus, ohne daß er selbst ein solches Gerät besaß. Denn sein Sohn, durch dessen römische Arbeit das Geld ins Haus kam, stand zum Ärger der Enkelinnen auf dem Standpunkt, erst müsse ein neues Auto her.

Um elf Uhr, pünktlich mit dem Glockenschlag, zuckte ein einziger Blitz aus dem rätselhaften Gewölk. Im selben Moment öffneten sich die Schleusen des Himmels, und Wassermengen, wie sie selbst älteste Einwohner nicht in Erinnerung hatten, wuschen Dachziegel und Antennen von den Dächern.

An diesem Abend wurde Raffaeles Sohn nicht abgeholt. Betrunkener als sonst traf er nach Mitternacht in einem Taxi ein, das ein Heidengeld gekostet haben mußte. Am nächsten Morgen, da er das Bett der Eltern unberührt fand und die Konservendose, wie er das Auto des Vaters nannte, nicht auf ihrem Stellplatz auf der Rampe, machte er sich auf die Suche. Er entdeckte die Eltern, im Weinberg unter Weinlaub am Boden liegend, in

Reden wir zur Abwechslung mal vom Wetter.

Fiat Panda 4 x 4. Die Allradkiste.

Wenn Sibirien schön grüßen und Weichen festfrieren läßt, ist der Panda 4 x 4 in seinem Element. Zuschaltbarer Allradantrieb, grobstollige Winterreifen und große Bodenfreiheit ermöglichen bis zu 50% Steigfähigkeit abseits ausgebauter Straßen und Nebenstrecken. Ohne Ketten. Mit getönten Scheiben, heizbarer Heckscheibe mit Wischer/Wascher und so weiter. Vorne werkelt ein 35 kW/48 DIN-PS-Motor, hinten lädt ein 1 m³-Frachtraum ein, innen finden bis zu 5 Bahnarbeiter ein warmes Plätzchen. Mal sehen, wie der Winter wird. Vielleicht kann der Panda 4 x 4 einen kleinen Beitrag dazu leisten, daß Schüler pünktlich zur Schule, Angestellte rechtzeitig ins Büro und Meteorologen doch noch zum Wetteramt kommen.

*unverbindliche Preisempfehlung ab Kippenheim/Baden. Superleasing und günstige Finanzierung durch die Fiat Kredit Bank GmbH.

der Hand noch die Binsen für die Ranken, die sie vor dem Unwetter noch hatten hochbinden wollen am Draht des Spaliers. Beide hatten denselben erstaunten Ausdruck im Gesicht, als wollten sie sagen, ein Gewitter Anfang August, gibt's denn das? Der eine, einzige Blitz mußte sie im selben Augenblick durch den Draht erreicht haben.

Der Sohn fluchte. Zum Weinen war jetzt keine Zeit. Er mußte die Leichen hier weghaben, ehe es richtig heiß wurde. Zum Glück stand unten am Weg die Konservendose.

Die Alten waren schwerer, als er gemeint hatte. Den ersten Körper schleifte er noch, den zweiten rollte er in der Schubkarre hinunter. Doch soviel er auch an ihnen bog und zerrte, sie ließen sich nicht auf die Sitze setzen. So mußte er sie unter Aufbietung all seiner Kräfte nacheinander auf den Dachgepäckträger stemmen.

Schwitzend setzte er sich hinters Steuer, drehte an dem Zünddraht und redete, den Vater nachahmend, auf das kleine Auto ein. Es reagierte nicht. Na warte, du Blechdose, knurrte er, dich werde ich schon noch kleinkriegen! Er schob das Wägelchen in Abwärtsposition, legte den zweiten Gang ein und trat aufs Kupplungspedal. Quälend langsam setzte es sich in Gang, beschleunigte dann aber bedrohlich, so daß er die Kupplung kommen ließ. Da geschah es. Mit einem gewaltigen Knall, der bis zu dem Platz vor San Antonio zu hören war und die Leute vor die Türen trieb, aus Furcht vor einem neuen Unwetter, setzte der Motor seinem langen Leben selbst ein Ende, und im selben Moment brach das Fahrzeug mitten entzwei. Der Sohn glaubte, vom eingeknickten Dach her einen Seufzer zu hören. Doch wie die nachträgliche Untersuchung ergab, waren die Alten tatsächlich durch

„Steh auf, Fritz. Der hat seinen Motor gemeint, als er FIRE sagte."

Panda FIRE. Die tolle Kiste.

Die Vorliebe des Kommandanten für den Rekruten Fiat Panda war notorisch. Sicher, die Einsatzbereitschaft des Fiat Panda (Tag und Nacht) und seine gewaltige Ausdauer, bei der er Höchstleistungen von 138 km/h erreicht, sind bestechend. Auch seine Disziplin. Denn während seine Kameraden täglich einige Promille in sich hineinschütten, besucht er nur alle paar Wochen die Kantine. Auch dabei zeigt er sich genügsam: 5,4/7,3/6,8 Liter bei 90 km/h, 120 km/h/Stadtverkehr (nach DIN 70030-1). Neider munkeln, sein FIRE-Motor sei nicht normaler Eltern Kind, sondern Computer hätten ihn ausgedacht, Roboter ihn gezeugt. Der Spieß darf sich jedenfalls ins Fäustchen lachen, da der Fiat Panda wenig Sold abknöpft und mit 558 DM (= 31 Monate Steuerbefreiung) staatlich gefördert wird.

Fiat Panda 750 L
764 ccm, 25 kW/34 PS

Fiat Panda 1000 CL
986 ccm, 32 kW/44 PS

Fiat Panda 4 x 4
986 ccm, 32 kW/44 PS

Blitzschlag gestorben und zu jenem Zeitpunkt schon länger als zwölf Stunden tot.

Die Leichen mußten mit Mulis den Weinberg hinauf und zur Kirche geschleppt werden, ehe sie nebeneinander in dem gläsernen Leichenwagen von San Antonio über die Landstraße hinweg feierlich zum Friedhof fahren konnten.

Die Freude des Sohnes, endlich Platz im Haus zu haben, währte indes nur kurz. Bald ging der Wein zur Neige und auch das Öl, und es zeigte sich, daß niemand aus der restlichen Familie wußte, wie man solche unentbehrlichen Pflanzen anbaut. Kurzum, sie beschlossen, in eine der römischen Trabantenstädte in die Campagna zu ziehen, wo vielleicht auch die Frau Arbeit fände und die Kinder zumindest zeitweilig. Dann hätten sie das Geld, um alles abgepackt im Supermarkt zu kaufen.

Es geht auch das Gerücht, daß die allzu hastig hochbetonierte Rampe von der Sintflut, die mit dem einen Donnerschlag einherkam, unterspült wurde und in den folgenden Tagen in mehreren Schollen den Hang hinabgerutscht sei. Erst zwischen ein paar tausendjährigen Oliven seien die Schuttmassen liegengeblieben. Jetzt denke man an eine Neukonstruktion, weit unterhalb von San Timo, eben auf diesem Geröll. Aber ich bin lange nicht mehr dort gewesen und kann deshalb nicht sagen, wie weit der Plan schon gediehen ist.

DAS PRACHTSTÜCK

EKKEHART RUDOLPH

Er war zehn Jahre alt und gehörte Christina. Ein sportlicher Flitzer aus Turin, nur klein: 850 Kubikzentimeter Hubraum. Aber schnittig sah er aus. Christina meinte, fast wie ein Porsche. Das war nun so übertrieben, als hätte sie eine Ente mit einem Schwan verglichen. Aber Christina bestand darauf. Der Flitzer war ihr Schwan, ein roter übrigens. Christinas erstes Auto war außen rot und innen schwarz. Darauf stellte sie ihre Garderobe ein: sie trug vorzugsweise Rot und Schwarz. Es schien so, als wolle das kleine Auto darauf seinerseits mit Freundlichkeit antworten. Christina jedenfalls war davon überzeugt, und sie konnte Beispiele nennen, die das bestätigten.

Der Flitzer, mit zehn Jahren schon ein älterer Herr, hatte nämlich Beschwerden, wie sie bei alten Herren nicht selten vorkommen. Er war nicht mehr ganz dicht, verlor Öl, ermüdete rasch, vor allem vertrug er keine Feuchtigkeit. An Regen- oder Nebeltagen wollte er sich nicht bewegen. Einzig und allein Christina brachte ihn dann in Gang. Wenn sie bei Regen im schwarzen Lackmantel und mit rotem Hut hinter dem Lenkrad saß, ihrem Flitzer gut zuredete, ihn streichelte und dann den Zündschlüssel im Schloß drehte, so räusperte er sich zwar mehrmals widerwillig, oder er hustete verdrossen vor sich hin, aber am Ende sprang er doch an. Keinem anderen tat er diesen Gefallen, auch mir nicht. Deshalb konnte ich das Autochen auch nur bei Sonnenschein fahren, wenn Christina es mir überhaupt auslieh. Das tat sie nämlich nur ungern, weil ich ihm mal eine Beule verpaßt hatte. Auch der kleine Flitzer mochte mich seither nicht sonderlich, das habe ich immer wieder feststellen müssen.

So war es keine Frage, wer den Wagen steuern sollte, als wir beschlossen, in die DDR zu reisen. Wir wollten nach Halle, Weimar und Jena. Über meine Hallenser Verwandten besorgte ich die Einreisegenehmigung. Die war nötig, denn in der DDR regierten noch Honecker und seine Genossen. Denen war jeder westdeutsche Besucher verdächtig. Als wir bei Hirschberg die monströsen Grenzbefestigungen mit ihren tödlichen Mechanismen im vorgeschriebenen Tempo passierten, ahnten wir allerdings nicht, daß die DDR eine Lebenserwartung von gerade noch einem Jahrzehnt hatte.

Ein Grenzsoldat kontrollierte Autopapiere und Pässe und gab sie zurück, nicht ohne neugierige Blicke auf Christina zu werfen. Sie trug einen schwarzen Overall, dazu einen roten Ledergürtel und einen breitkrempigen roten Hut. Im Schrittempo ging es weiter bis zum nächsten Posten, der die Fahrzeugschlange teilte: Transit nach Westberlin, Einreise in die DDR. Auf mehreren Bahnen bewegten sich die Autos schubweise auf die Kontrollstelle zu, die wie ein Bahnhof aussah. Ein Dach spannte sich im Zickzack über mehrere Gebäude, die numeriert waren. Auf jedes von ihnen kroch eine Autoschlange zu.

Wieder ein Posten. Er nahm uns die Papiere ab. Über ein verdecktes Förderband gelangten sie zur Kontrollstelle.

Stop and go. Christina gähnte und drehte an den Radioknöpfen. An dieser Grenze brauchte man immer Geduld. Christina stellte den Motor ab, streckte sich und wies auf die Nachbarbahn. Da stand ein silbergrauer Jaguar. Der würde, meinte sie, noch besser zu ihr passen als ihr kleiner Flitzer. Ich schielte flüchtig hinüber und

Also mal ehrlich, Erich...äh Egon..., den real existierenden Spätkapitalismus hätten wir uns wesentlich dekadenter vorgestellt.

Fiat Panda. Die tolle Kiste.

Was hatte der Schwarze Kanal nicht alles über den Westen erzählt: kalte Glitzerwelt, verchromte Herzlosigkeit. Und dann fährt man rechts ran, kauft Bananen, und plötzlich fällt es einem wie Glasnost von den Augen: dieser Kleine da, nicht größer als ein Trabi, das soll der Konsumterror sein, vor dem die weise Führung immer gewarnt hat? Lächerliche 4,9 l bleifrei Super (bei konstant 90 km/h nach DIN 70030-1 beim Panda 1000 L i.e. Kat.) – ist das die spätkapitalistische Vergeudung knapper Ressourcen? 11.990,– DM* (West) für 45 PS/33 kW, geregelten 3-Wege-Kat., verschiebbaren Aschenbecher und wiederverschließbare Türen – das soll Ausbeutung der werktätigen Massen sein? Der Panda ist lieferbar in Sozialismusrot, Preußischblau, Diplomatenschwarz und weiteren United Colours. Und noch eine frohe Botschaft: mit mal gerade 1494 mm Breite paßt er durch jeden noch so kleinen Grenzübergang. *Unverbindliche Preisempfehlung ab Kippenheim.

Pandafahren, die soziale Form des Sparens.
Angebot der Fiat Kredit Bank: 1,9% effektiver Jahreszins,
25% Anzahlung bei 36 Monaten Laufzeit.

Seitdem der F.A.Z.-Aktienindex sich total down fühlt, ist selbst der Panda vor Bankern nicht mehr sicher.

Fiat Panda. Die tolle Kiste.

Mit dem Börsencrash gingen die Kurse für gebrauchte Sportwagen nach unten. Dennoch gibt es unter den Brokern noch einige, die sich einen Neuwagen leisten können. Als aktueller Geheimtip wird derzeit gehandelt: Panda 750 L Plus für 9.990,– Mark*. Serienmäßig inklusive: 5 Räder, 1 schadstoffarmer Motor (25 kW/34 PS), der fast schon legendäre mobile Aschenbecher, ein Scheibenwischer vorne etc. Aufpreispflichtige Extras für den Broker-Panda: Autotelefon (8.521,50 Mark), getönte Scheiben-Abziehfolie (136,– Mark), Sonnenbrillenhalter (2,44 Mark). Hinweis: Überzeugungs-Pandafahrer wird man auch in Zukunft an der Benutzung öffentlicher Telefonzellen (Gebühreneinheit: 0,20 Mark) erkennen.

*Unverbindliche Preisempfehlung ab Kippenheim

F.A.Z.-Aktienindex

Effektiver Jahreszins der Fiat Kredit Bank

nickte, aber dann mußte ich gleich noch einmal den Jaguar anschauen. Mir war der Fahrer aufgefallen. Er hatte die Scheibe heruntergelassen, der Ellenbogen ragte heraus, den Kopf hatte er in die offene Hand gelegt, im Mundwinkel hielt er eine Zigarette, die Augen waren durch eine Sonnenbrille verdeckt. Als er mir das Gesicht zuwandte, erkannte ich ihn: »Lupfer«, sagte ich, »das ist doch Egon Lupfer.« Auch er hatte mich wahrgenommen, winkte lässig und rief: »Hallo!«

Was das denn für ein merkwürdiger Typ sei, wollte Christina wissen. Ich erklärte, Lupfer sei ein junger Kollege, noch nicht lange im Betrieb. Vor einem halben Jahr erst sei er eingestellt worden. Wie der zu dem Jaguar kam, war mir allerdings rätselhaft. Im Betrieb hatte ich ihn immer in einem alten Polo gesehen, seiner Rostlaube, wie er selber sagte. Ich fragte ihn, ob er die verkauft habe. Nein, habe er nicht. Aber in die DDR könne er mit dem mickrigen Polo ja nicht fahren. Für so eine Reise brauche man schon etwas Besseres. Schließlich wollten die Leute drüben doch mal sehen, was ein richtiges Auto sei. Ob er sich deshalb diesen Edelschlitten gekauft habe, fragte ich. Er schüttelte den Kopf: Geliehen, nicht gekauft. Der Jaguar sei ein Leihwagen. Aber auch so teuer genug. Dazu fiel mir nichts mehr ein, und was Christina vor sich hinmurmelte, verstand ich nicht, freundlich hörte es sich nicht an.

Es ging weiter. Zwei Wagenlängen kamen wir voran, und kurz darauf gewannen wir noch einmal zwei. Ich bemerkte, daß auch die rechte Schlange sich bewegte, wendete aber nicht den Kopf, weil ich weitere Gespräche mit Lupfer vermeiden wollte. Christina fiel auf, daß er gar nicht zu sehen war. Da, wo der Jaguar hätte stehen müssen, war eine große Lücke. Ich drehte mich nun doch um und sah ihn am alten Platz. Andere Autos fuhren an ihm vorbei, um die Reihe zu schließen. Offenbar hatte Lupfer eine Panne. Ich verhehle nicht, daß ich ihm das gönnte, stieg aber doch aus, um zu sehen, ob er Hilfe brauche. Schon als ich näher kam, hörte ich, wie Lupfer vergeblich versuchte, den Jaguar zu starten. Die Zündung machte in Abständen gurgelnde Geräusche, aber der Motor sprang nicht an. Lupfer saß mit verbissenem Gesicht hinter dem Lenkrad, als ich an die Scheibe klopfte. Er stieg aus, fassungslos darüber, daß der Jaguar sich weigerte, in die DDR einzureisen. Der Polo hätte sicher keinen Ärger gemacht, bemerkte ich. Aber Lupfer überhörte das. Als er die Motorhaube öffnete, kamen ein paar westdeutsche Autofahrer dazu. Sie starrten auf den Motorblock und einer sagte: Die Zündung! Das liege an der Zündung. Oder am Vergaser, meinte ein anderer, da hänge vielleicht der Schwimmer. Ich schwieg, weil ich von Motoren nichts verstehe. Dann kam ein Grenzpolizist. Aussteigen sei an dieser Stelle verboten, rief er sächselnd, die Fahrer müßten sich zu ihren Fahrzeugen begeben – unverzüglich! Er ließ sich erklären, warum Lupfer nicht weiterkomme und bemerkte dann: Das Fahrzeug müsse hier weg – unverzüglich! Die Frage war aber: wie und wohin. Nach einigem Hin und Her wurde vereinbart, daß ich den Jaguar mit dem kleinen Flitzer zur westdeutschen Grenzstation zurückschleppen sollte.

Ich hatte diesem Vorschlag auf Lupfers Bitte hin aber über Christinas Kopf hinweg zugestimmt. Es war sehr mühevoll, sie davon zu überzeugen, daß dies für uns eine Kleinigkeit, für Lupfer aber die einzige Möglichkeit sei, von hier wegzukommen. Christina hätte Lupfer zu gern, wie sie sagte, auf Sand laufen lassen, aber das wollte und

Das Bruttosozialprodukt wollte und wollte nicht steigen, der Goldpreis fiel in den Keller. Trotzdem gab es Menschen, die fanden das Leben schön.

Fiat Panda. Die tolle Kiste.

Man braucht keine Millionen zum Glück. Für 9.990 Mark (unverbindliche Preisempfehlung der Fiat Automobil AG ab Kippenheim/Baden) gibt es 4 Zylinder, 33 kW/45 PS, 140 km/h. Jede Menge Spaß. Mit wenig Sprit: 5,8/7,5/ 8,4 Liter Super bei 90/120 km/h/Stadtverkehr (Vergleichswerte DIN 70030-1). Jede Menge Platz: 5-Sitzer, 7fach verstellbare Rückbank, bis zu 1088 Liter Laderaum. Jede Menge Ausstattung: 4 Ausstellfenster, Verbundglas-Frontscheibe, getönte Scheiben rundum, Heckscheibenheizung und -wischer. 6 Jahre Gewährleistung gegen Durchrostungsschäden. Weil er stabiler ist als die Wirtschaft.

„Hannelörsche, was e Motörsche!"

Panda FIRE. Die tolle Kiste.

Schau, Hannelörsche, jetzt weißt du, warum ich dich und deine Milch brauche. Damit hab' ich mir nämlich diesen tollen Fiat Panda erwirtschaftet. Du meinst, dieses Gespann für dein bißchen Milch? Ja weißt, Hannelörsche, ein Fiat Panda kostet immer weniger, als er wert ist. Was das da vorne ist, möchtest du wissen? Ja, Kuh, blöde, hast du noch nichts vom FIRE-Motor gehört? Nimm dir lieber ein Beispiel und friß auch so wenig wie der Fiat Panda (Verbrauch 5,0/6,2 Liter bei 90 km/h, Stadtverkehr, nach DIN 70030-1). Keine Kraft hat man dann? Ja himmelfix, siehst du nicht, daß der Fiat Panda 34 PS hat?

Fiat Panda 750 L
764 ccm, 25 kW/34 PS

Fiat Panda 1000 CL
986 ccm, 32 kW/44 PS

Fiat Panda 4 x 4
986 ccm, 32 kW/44 PS

konnte ich nicht. Lupfer war mein Kollege, und einen Kollegen läßt man nicht in der Patsche sitzen, selbst dann nicht, wenn man ihm das Mißgeschick gönnt. Als Christina das schließlich einsah, wollte der kleine Flitzer nicht. Er verweigerte einfach die Mitarbeit, indem er nicht ansprang. Offenbar mochte auch er Lupfer und dessen Jaguar nicht. Mich wunderte das kaum, denn er hielt ja immer zu Christina. Sie verstand das sofort, grinste mich an und fragte: »Was nun?« Ich wurde wütend. »Bring ihn in Gang«, sagte ich. »Bring ihn in Gang! Du kannst das, wenn du nur willst.«
Christina tätschelte über das Lenkrad, »Hast du das gehört, Kleiner?« fragte sie. »Hast du das gehört?« Sie schnalzte mit der Zunge, dann drehte sie den Zündschlüssel, aber der Flitzer keuchte nur, als ob er sehr krank sei. »Stell dich nicht so an«, sagte Christina. Der Motor ratterte ärgerlich und blies stinkende blaue Wolken in die Luft. Er wollte immer noch nicht, aber Christina gab nicht nach: »Na, komm schon!« Der Kleine protestierte mit knallenden Fehlzündungen, aber dann entschloß er sich doch zum Mitmachen. Er sprang an, sehr ungern, wie man hören konnte, denn er lief unregelmäßig und unsicher, als ob er sich gleich wieder verweigern wollte. Aber Christina zuliebe fand er schließlich doch den richtigen Takt. »Na also«, sagte sie, streichelte ihn und stieß zwischen den beiden Fahrzeugschlangen zurück, bis sie den Jaguar erreicht hatte. Als ich mit dem Abschleppseil hantierte, kam wieder ein Grenzsoldat, nicht der von vorhin, sondern ein etwas höher gestellter Offizier mit geflochtenen silbernen Schulterstücken: Was zum Teufel denn hier los sei? Christina erklärte die Panne. »Und was ham Se nu vor?« fragte der Offizier. Christina sagte es. Darauf der andere: »Das geht nicht!«

Haben Sie sich auch entschieden, niemals dick zu werden?

Fiat Panda. Die tolle Kiste.

Viele Dinge, die gut fahren, sind etwas schwer. Der Panda ist eine Alternative. Ein Fluchtzwerg (341 cm Gesamtlänge), der bessere Fahrwerte besitzt als jedes kleine Steak. Ob als Panda 750 L Plus oder als Panda 1000 CL Plus (bei dem man ständig zwischen 5 Gängen und einem Rückwärtsgang wählen kann), der Panda hält sein Idealgewicht von 700 kg. Denn seit Jahren konsumiert er am liebsten wenig, und wenn, dann nur bleifreie Schonkost. Befreien Sie sich von unnötigem Ballast. Folgen Sie dem Diätvorschlag des Fiat Händlers: „FdH – Fahr die Hälfte. Die einzig wahre Alternative zur Nulldiät."

Du darfst:
Panda 750 L Plus
DM 9.990,–*

Du darfst:
Panda 750 CL Plus
DM 11.190,–*

Du darfst:
Panda 1000 CL Plus
DM 11.690,–*

*Unverbindliche Preisempfehlung ab Kippenheim.

Erstaunt sahen wir erst uns, dann ihn an. »Hören Sie«, sagte Christina, »der Beamte, der vor Ihnen hier war, hat uns erlaubt...«
»Beamte gibt's hier nicht«, unterbrach der Grenzer.
»Wie bitte?«
»Beamte ham wir abgeschafft«, sagte der Mann. »Wir sind ein Staat von Arbeitern und Bauern.«
»Wie Sie wollen«, antwortete Christina. »Der Bauer also, der vor Ihnen da war, hat gesagt, daß...«
Ein Krampf packte mich, ein unwiderstehlicher Lachkrampf. Die Bauchmuskeln vibrierten, Tränen traten in meine Augen, prustend und glucksend holte ich mein Taschentuch heraus und täuschte einen Hustenanfall vor, wenig überzeugend, wie ich befürchtete. Deshalb verzog ich mich hinter den Jaguar in der Hoffnung, meine Fassung rasch wiederzugewinnen. Das war gar nicht so einfach. Ich dachte an die traurigsten Ereignisse meines Lebens, aber das half mir nicht. Erst als der Grenzer mich anschnauzte, er werde mich festnehmen, wenn ich nicht sofort aufhörte, über die Errungenschaften des Sozialismus zu lachen, erst da konnte ich mich beruhigen. Als ich, eine Entschuldigung stammelnd, wieder zum Vorschein kam, visierte mich der Offizier mit verkniffenen Augen an wie über Kimme und Korn. Dann wandte er sich an Christina und Lupfer, um sie darüber zu belehren, daß sie mit dem Grenzübertritt die Einreise in die DDR eingeleitet hätten. Ein Abbruch dieses Vorgangs zwecks Ausreise sei nicht möglich.
»Warum nicht?« fragte Lupfer.
»Aus Ordnungsgründen«, antwortete der Offizier, und um nicht mißverstanden zu werden, wiederholte er: »Aus Ordnungsgründen ist das nicht möglich.«
»Aha«, machte Christina, als ob sie begriffen hätte.

Lupfer fragte, was er denn mit dem kaputten Auto machen solle, das könne in der DDR doch nicht repariert werden. »Trotzdem muß es einreisen«, entschied der Grenzer. »Ihre Pässe und die Fahrzeugscheine befinden sich bei der Kontrollstelle. Eine Rückholung ist nicht möglich. Ohne Papiere kommen Sie hier aber nicht weg.«

Ich schlug vor, den Jaguar nach Westdeutschland abzuschleppen, wenn die Pässe wieder in unserer Hand seien.

»Das geht auch nicht«, sagte der Offizier. Als wir das nicht einsehen wollten, erklärte er: »Sie bekommen hier nur die Visa zur Einreise, nicht aber die Visa zur Ausreise. Diese erhalten Sie, wenn eine Aufenthaltsgenehmigung vorliegt, und die wird wiederum nur dann erteilt, wenn Sie den Pflichtumtausch nachweisen: 25 D-Mark pro Tag und Person. Der Einreisetag wird mitgezählt.«

Das war nun so schlüssig wie eine Gebrauchsanleitung. Sich dem zu widersetzen wäre sinnlos gewesen. Wir sparten uns also überflüssige Bemerkungen, auch das Gelächter, das mir wieder im Halse saß, ließ ich nicht heraus. Ich wollte den Grenzer damit nicht noch einmal reizen. Als wir Anstalten trafen, den Jaguar mit dem roten Flitzer zur Kontrollstelle zu ziehen, untersagte er uns auch das. Jedes Fahrzeug, erklärte er, müsse auf der ihm zugewiesenen Spur bleiben. Unser kleines auf Bahn 4, das große auf Bahn 5. Unsere Papiere seien nämlich in den dazugehörenden Kontrollhäusern überprüft worden und könnten folglich nur dort in Empfang genommen werden. Auch sollten wir uns an der Stelle in die Autoschlange einfädeln, wo wir sie verlassen hätten, weil die Papiere in der Reihenfolge ausgegeben würden, in der sie den Fahrern abgenommen worden seien.

Es war schon verblüffend, wie die jungen, begeisterungsfähigen Aufsteiger die saturierten Altstars vom Sockel holten.

Fiat Panda. Die tolle Kiste.

Antrittsschnell: in 5 Sekunden von 0 auf 50. **Beweglich:** Wendekreis nur 9,20 Meter. **Variantenreich:** 1. Doppelbett, 2. 5-Sitzer, 3. Kinderwiege, 4. Einkaufswagen (7fach verstellbare Rückbank!). **Ausdauernd:** 33 kw/45 PS-Motor, Spitze 140 km/h. 5,8/7,5/8,4 Liter Super bei 90/120 km/h/Stadtverkehr (Vergleichswerte nach DIN 70030-1). Auch in der Abwehr stark: Flankenschutz, Schutzschilde vorn und hinten, 6 Jahre Gewährleistung gegen Durchrostungs-Schäden. Niedrige Ablösesumme: 9.850 DM (unverbindliche Preisempfehlung der Fiat Automobil AG ab Kippenheim/Baden).

Nie wieder ist mir so beispielhaft deutlich geworden, was Ordnung ist. Auch Christina schien das erkannt zu haben, denn sie nickte mir einverständlich zu. Lupfer dagegen zog ein saures Gesicht. Ihm war klar, daß er seinen Jaguar zur Kontrollstelle würde schieben müssen.

Eine halbe Stunde dauerte es, bis wir unsere Pässe und den Fahrzeugschein wieder in unserem Besitz hatten. Danach kamen wir zum Zoll, wo wir erstaunlich rasch abgefertigt wurden. Wir mußten die Motorhaube, die sich bei unserem Auto hinten, und den Kofferraum, der sich vorn befand, öffnen, nicht aber unser Gepäck. Der Blick des blaugrauen Zöllners saugte sich mehr an Christinas rot-schwarzer Taille als an ihrer Reisetasche fest. Als er sagte, sie dürfe weiterfahren, lächelte er. Mich nahm er gar nicht zur Kenntnis.

Wir nutzten die nächste Gelegenheit, um auf den Jaguar zu warten. Der brauchte länger, weil er ja mit Muskelkraft bewegt wurde. Eine Rückführung in die Bundesrepublik kam nun für uns nicht mehr in Frage. Das erwartete Lupfer wohl auch nicht. Wir boten ihm an, den Jaguar in die nächste Ortschaft in der DDR zu schleppen. Ein Mechaniker werde sich da sicher finden lassen. Lupfer war einverstanden. Unser roter Flitzer auch, das ließ er deutlich hören. Als der prächtige Jaguar hinter ihm am Seil hing, sprang er mit knurrendem Behagen an, und er brüllte unternehmungslustig auf, als Christina Gas gab und anfuhr. Die Last, die er nun ziehen mußte, machte ihm keinerlei Mühe, ganz im Gegenteil, sie schien ihm Freude zu machen, wenn nicht gar Schadenfreude. Ich konnte das sehr gut verstehen. Wenn ein Kleiner mit bescheidenen Kräften es einem protzigen Großen mal so richtig zeigen kann, dann darf er – finde ich – stolz darauf sein.

Am Schleizer Dreieck verließen wir die Autobahn, fuhren nach Schleiz, wo wir eine Autowerkstatt fanden, freilich nur eine für Trabis und Wartburgs. Einen Jaguar, erklärte der Mechaniker, werde er nicht anfassen, so einen sehe er nämlich zum ersten Mal. Lupfer überredete ihn, sich den Motor doch wenigstens mal anzuschauen. Der Mechaniker, ein untersetzter Mann im blauen Anton, antwortete nicht. Er lief um den Jaguar herum, zwängte sich in den Fahrersitz, schaute auf die Armaturen und sagte:»Junge, Junge!« Er griff nach dem Zündschlüssel, und dann kam das, was Christina später immer den Hit nannte, wenn sie davon erzählte: Als der Mechaniker nämlich den Zündschlüssel im Schloß drehte, sprang der Motor anstandslos an und lief ruhig und rund, als ob nichts gewesen wäre.

Jetzt bekam Christina einen Lachkrampf. Sie lachte in Koloraturen immer wieder die gleiche Tonleiter von oben nach unten. Lupfer begleitete sie mit Zwischenrufen wie: Das gibt's doch nicht! oder: Das kann ja nicht wahr sein! Der Mechaniker übertönte beide mit der Jaguarhupe, die er mehrmals hören ließ, so daß Leute von der Straße in den Hof der Werkstatt kamen, als ob sie ein solches Signalhorn noch nie gehört hätten. Sie versammelten sich um den Jaguar und bestaunten das schöne Fahrzeug. Damit hatte Lupfer ja eigentlich genau das erreicht, was er wollte. Aber anscheinend interessierte ihn das nicht mehr. Er wollte nur noch wissen, warum ihm das teure Auto so viel Kummer gemacht habe. Der Mechaniker zuckte die Schultern: Hitzestau wahrscheinlich, meinte er. Wenn der Motor dann abkühle, sei die Karre wieder flott.

Als wir uns kurz darauf mit unserem roten Flitzer auf den Weg nach Halle machten, sagte Christina, die Panne hätte bestimmt noch andere Verursacher gehabt. Zweifellos sei doch dieser Lupfer von allen guten Geistern verlassen gewesen, als er den kostspieligen Jaguar gemietet habe, nur um in der DDR damit anzugeben. Ja, und eben die, die guten Geister nämlich, hätten ihm nun diesen Denkzettel verpaßt. Christina lächelte: »Hoffentlich merkt er sich das!«

Er hatte genug von fröhlichen Weihnachtsliedern und schönen Bescherungen. Sie wollte nicht, wie viele ihrer Freundinnen, den ganzen Heiligen Abend in die Röhre glotzen.

Fiat Panda. Die tolle Kiste.

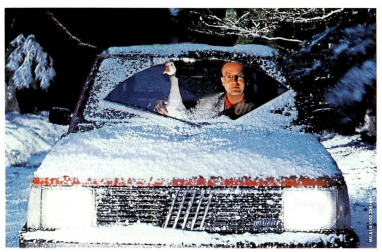

Er wollte den großen Schlitten nehmen. Sie dachte von Natur aus ganz praktisch. An den FIRE-Motor, der kaum Futter braucht. An die wieder verschließbaren Türen. An die stufenlos regulierbare Heizung, das zweistufige Gebläse und den zweistufigen Scheibenwischer. Wer Weihnachten lieber zu Hause feiert, kann mit einem Panda auch bis zu 1,1 m³ Geschenke von Freunden und Verwandten abtransportieren. Der Panda 1000 L i.e. Kat. bekommt außerdem 1.100,– DM Steuern vom Staat geschenkt. Da kommt Freude auf. Auch bei allen nicht geschlagenen Tannenbäumen. Noch mehr frohe Botschaften unter 0130/22 85 zum Ortstarif.

Das himmlische Angebot der Fiat Kredit Bank:

 1,9% effektiver Jahreszins
 25% abgesegnete Anzahlung
 36 Monate fröhliche Laufzeit

Im Kampf um die Stimmen der Jungwähler ist den etablierten Parteien jedes Mittel recht.

Fiat Panda. Die tolle Kiste.

Alle versprechen zu sparen. Der Panda 45 tut's: 5,8/7,5/8,4 Liter Super bei 90/120 km/h/Stadtverkehr (Vergleichswerte nach DIN 70030-1). Alle geben sich jung und dynamisch. Der Panda ist's: 33 kW/45 PS, 140 km/h. Ausstattung: 5-Sitzer, 7fach verstellbare Rückbank, Stoffbezüge abwaschbar, Ausstellfenster, getönte Scheiben rundum, Verbundglas-Frontscheibe, heizbare Heckscheibe, Heckscheibenwischer, Kunststoffschutzschilde, Flankenschutz, 1½ Legislaturperioden (6 Jahre) Gewährleistung gegen Durchrostungsschäden. Vorstellung des Kandidaten – ohne große Reden – bei über 1300 Fiat Händlern.

FIAT

LAKE BERYESSA

RENATE SCHOSTACK

Ich fuhr nach dem Frühstück herauf zum See, die gleiche Straße, die Ted letzte Woche gefahren war. Schräg gegenüber, etwa einen Kilometer entfernt, die Felsnase, auf der ich sie fotografiert hatte, Ted und Micha, beide trugen ihre amerikanischen Cowboyhüte. Micha stand steif und ein bißchen verlegen neben seinem Vater. Er reichte ihm jetzt fast an die Schulter. Ted legte den Arm nicht um Micha. Ein typischer kalifornischer Morgen, schon um zehn heiß nach einer kalten Nacht. Das Wasser in der Bucht unter mir glatt und blau glänzend wie das Wachstuch auf Muttis Küchentisch. Von meiner Stelle aus sehe ich keine einzige Seele, keinen Wohnwagen, kein Schiff, nichts. Zu wenig Wasser, sagte der Ranger oben in der Blockhütte, wo es Informationsblätter gibt und ein paar ausgestopfte Tiere in Vitrinen. Micha gefiel die Hyäne, geduckt stand sie da, einen mißtrauischen Blick in den gläsernen Augen. Mama, was ist das für ein Tier?

Ted las ihm vor: Coyote, one year old. Zeit, daß du Englisch lernst, boy.

Der Ranger ist so eine Art Aufpasser. Aber meistens, sagte er, ist nichts los. Die meiste Zeit verbringe er mit dem Einsammeln von Abfall. Sie haben keine Vorstellung, Missis, wieviel Bierdosen die Leute am Wochenende ins Gebüsch feuern!

Eine Stille wie unter einer Glasglocke. Ich bin heilfroh, dem Durcheinander der Farm entronnen zu sein. Ted erlaubt mir, seinen Leihwagen zu fahren, einen Japaner, klein, kompakt, ganz neu. Die Amis, sagt er,

Maria wachte auf. Sie lag in einem Bett. Und neben ihr lag ein Mann. Sie wußte nicht, wie sie in diese Situation gekommen war.

Fiat Panda. Die tolle Kiste.

Alle Lehnen flach: das Doppelbett (1). Alle Sitze in Normalposition: der Fünfsitzer (2). Rückbank in V-Form: die Kinderwiege (3). Rückbank vorgeklappt: der Einkaufswagen (4). Der Motor: gar nicht schläfrig, 33 kW/45 PS, Spitze 140 km/h. Aber nur 5,7 l Super (ADAC-Testwert). 5,8 l bei konstant 90 km/h, 7,5 l bei 120 km/h, 8,4 l in der Stadt (nach DIN 70030-1). Lädt aber 450 kg. Haltbar: 6 Jahre Gewährleistung gegen Durchrostungsschäden. Preis: 8.990 DM (Unverbindliche Preisempfehlung ab Kippenheim). PS: Die Sitzbezüge sind herausnehmbar und pflegeleicht.

kapieren allmählich, daß die großen Schaukelschlitten out sind. An Ostern habe ich, von Hildes Flohhupfer abgesehen, davon nichts gemerkt. Muttis Hof stand voll mit diesen Dinosauriern aus Blech und Chrom. Wenn Maria da ist, werde ich Teds Leihwagen nicht mehr benutzen. Er bringt sie nachher mit, zum Mittagessen wollen sie da sein. Der Hang unter mir ist von den hell-orangefarbenen kalifornischen Mohnblumen übersät. Wenn ich eine Weile hinschaue, sehe ich die Blütenblättchen im Winde fächeln. Wie Schmetterlingsflügel sehen sie aus. Ted flog gestern nach L. A., geschäftlich. Er habe ein Super-Angebot, sagte er, Computer Software. Ich wollte nicht genau hinhören, Teds Geschäfte sind mir gleichgültig geworden. Aber selbst wenn man sich in Muttis Haus die Ohren mit Wachs verstopfen würde, könnte man dem, was sie reden, nicht entgehen. So mußte ich mitkriegen, ob ich wollte oder nicht, daß Ted Maria in S. F. am Flughafen abholen wird. S. F. bedeutet San Francisco, L. A. Los Angeles. Und mitbekommen habe ich auch, daß Maria wahrscheinlich schwanger ist.

Warum sollte sie nicht schwanger sein? Sie ist Teds Frau, seit einem Jahr. Diese ganze Familie, zu der ich nie richtig gehört habe, vollkommen unübersichtlich mit ihren deutschen, amerikanischen und exotischen Zweigen, geht mich nichts mehr an. Ich habe Micha zum Besuch seiner Großmutter begleitet, weil er noch nicht allein reisen kann. Daß er gleichzeitig mit seinem Vater hier sein würde, war nicht vorgesehen. Aber es ist mir egal, es läßt mich kalt.

Der Beryessa, das Wasserreservoir für das Tal, in dem Muttis Farm liegt, ist ein künstlicher Stausee. Man sieht es an den Ufern. Häßliche, mit kargem Gras bewachsene Ränder, rotes Geröll bis an den Saum des Wassers. Die Erde ist pudertrocken. Es hat seit Monaten nicht geregnet. Wenn Ted mit dem Traktor herumrattert, wölkt Staub von den Wegen der Farm auf. Micha sitzt mit dem Cowboyhut auf dem Anhänger, ein schüchternes Lächeln im Gesicht. Sie machen Heu für die Pferde. Neulich mähten sie den Zugang zum Napa River frei, der von Brombeergestrüpp und mannshohem Wiesenkümmel fast zugewachsen war. Eine Weile saß ich bei ihnen am Ufer. Ted rauchte einen Zigarillo. Manchmal sah ich ihn von der Seite an. Aber er drehte mir den Kopf nicht zu, er sprach mich nicht an. Micha warf Steine ins Wasser. Dann wollten sie baden, nackt, in dem eiskalten Fluß. Ich ließ sie allein.

Drüben an der Klippe fährt ein Auto vorbei, ein weißer Streifen vor dem mit grauem Gebüsch gesprenkelten roten Hang, in den die Straße gefräst ist. Es hält nicht an, es verlangsamt die Fahrt nicht, es fährt weiter, in diesem zähen amerikanischen Kriechtempo, das etwas Unerbittliches hat.

Mutti sagte, als ich mit ihr in der Küche Ostereier färbte, sie sei immer auf der Seite ihrer Kinder. Wer etwas gegen Ted sage, bekomme es mit ihr zu tun. War das ein krallenbewehrter Fingerzeig? Oder bloß eine ihrer reichlich mitgeteilten Allerweltsweisheiten? Ich sage nie etwas über Ted, ich frage nie nach Maria, die sie hier *Mereia* nennen, ich mache nie allgemeine Bemerkungen, ich schweige.

Mutti sagte, während sie die nach Essig riechende Farbflüssigkeit umrührte, die Frau solle listig sein, immer den Kopf hoch tragen, alles Ungemach wegstecken, dem

Erste Ergebnisse der Erfolgszählung: **17%** aller Nicht-Pandafahrer leiden unter Verkehrsstörungen. **24%** aller Pandafahrer haben kein Gäste-WC. **76%** aller Nicht-Pandafahrer halten Panda für einen Süßstoff. **100%** aller Pandafahrer fahren Panda.

Fiat Panda. Die tolle Kiste.

Ob sich über 700 Millionen für die Volkszählung auszahlen, wird sich nach Insidertips noch dieses Jahr zeigen. Fest steht schon heute: 9.990,– Mark*) für einen Panda 750 L Plus sind eine sinnvolle Investition. Denn der Panda ist ein Musterknabe in puncto Spur- und Linientreue – bis max. 125 km/h. Und mit 6,2 l/100 km Super bleifrei im Stadtverkehr (nach DIN 70030-1) leistet er auch einen Beitrag zur Kostendämpfung. Mehr als 50% aller Kleinwagenkäufer haben 1987 die Frage, Panda oder nicht Panda, mit einem klaren Ja beantwortet. Und 80% aller Pandafahrer würden wieder einen Panda kaufen. Eine Probefahrt im Panda ist im Gegensatz zu öffentlichen Verkehrsmitteln kostenlos.

*Unverbindliche Preisempfehlung ab Kippenheim

 Fiat Panda 750 L Plus   Fiat Panda 1000 CL Plus    Fiat Panda 4x4 Sisley

Mann das Leben angenehm machen, und überhaupt solle man immer Sonnenschein im Herzen tragen.

Ich ging, ohne etwas zu sagen, zu meinem Koffer, um die Gummihandschuhe zu holen. Draußen war es fast dunkel. Durchs Fenster sah ich, wie Micha die kleine schwarze Cedra ritt, sein Vater hatte es ihm beigebracht. Ted sprang auf die scheue ungesattelte Abajo, die sich nur von ihm bändigen läßt, und sprengte mit ihr zum Fluß hinunter, Micha hinterher. Ein schönes Bild.

Wenn Maria da ist, sagte Mutti, muß Ted sich um seine Frau kümmern. Wenigstens ist sie katholisch, sagte Mutti, lutherisch wäre natürlich besser, aber wenn man bedenkt, daß in Japan hauptsächlich Heiden leben, kann man von Glück reden.

Ja, Mutti, sagte ich.

Als ich vorhin herauffuhr, sah ich die Geier, sie saßen auf den unteren Zweigen der Straßenbäume, eine kleine Sorte, gar nicht so häßlich, wenn bloß die nackten Hälse nicht wären. Sie hockten da und warteten, daß ein Tier überfahren wird oder sonst eine Beute anfällt.

Am Ostermorgen ging ich mit Micha, Mutti und Swanny, die schon am Vorabend aus Oakland gekommen war, in die Kirche. Mutti sang im Chor mit. Den Pastor, einen großen, hageren Mann mit staubig grauen Zügen, der seine Predigt mit einem unmotivierten dünnen Lachen grundierte, mochte ich nicht. Ich versuchte, mich auf das Mobile aus Schmetterlingen zu konzentrieren, das neben dem Altar hing. Als der Friedensgruß getauscht wurde, kam der Pastor zu mir, ausgerechnet zu mir, und küßte mich. Es war kein richtiger Kuß, sondern eine Art Wangendruck. Swanny erklärte, ich sei ihre sister-in-law. Mutti sagte, als alle hinterher vor der Kirche standen und einander happy Easter wünschten, das gleiche: My daughter-in-law. Ich war aber nie mit Ted verheiratet gewesen. Zuhause, in Muttis Bad, wusch ich den Wangenkuß ab, während Swanny eine Platte auflegte. Damit du dich heimisch fühlst, Susanne. Volkslieder, ich summte mit: *In einem tiefen Grunde*. Mutti sang laut in ihrem Schlafzimmer: *Mein' Liebste ist verschwunden, die dort gewohnet hat*. Die Klippe drüben liegt jetzt in vollem Licht. Ich weiß nicht, ob man von Klippe sprechen kann. Ein Felsvorsprung, der senkrecht ins Wasser fällt. Den See, der zerfasert ist wie ein Tintenfleck, sehe ich an jener Stelle nicht ein. Überhaupt sehe ich die Wasserfläche nur unterhalb meines Platzes. Seegrün, in tiefes Blau zerlaufend. Für Segler, sagte der Ranger, sei der Wasserstand zu niedrig. Motorboote sind nicht zugelassen. Es herrscht eine himmlische Ruhe. Sogar der Wind ist verstummt, der vorhin noch die Blätter bewegte.

An Ostern waren sie alle da, auf der Farm. Muttis drei Töchter, die Schwiegersöhne und jede Menge Enkel. Micha kam ständig angerannt, hochrot im Gesicht: Mama, ich habe schon wieder eine neue Kusine. Ein Vetter aus dem mexikanischen Familienzweig heißt Jesus. Micha sah ihn scheu an. Mich nennen sie Tante Susi. Alle bemühten sich, Deutsch zu sprechen, nur Tonio, der Chef der Mexikaner, dessen Goldzähne beim Sprechen blitzen, schaffte es nicht. Sein Englisch knarzte, als hätte er trockenes Holz im Mund.

Ein gemütlicher amerikanischer Feiertag. Die Männer schlenderten übers Gelände, sie begutachteten die Hütten, die Autos, die Pferde. Zwei halfen Ted, der wilden Abajo die Hufe zu schneiden. Die Kinder vergnügten sich am Fluß. Mutti hielt sich mit den Frauen in der Küche auf. Manchmal fuhr irgendein Familienmitglied zu einem

Supermarkt, um noch etwas einzukaufen. Die amerikanischen Supermärkte sind immer offen. Ein Onkel schenkte Micha ein rosa Zuckerlamm. Er brachte mir ein Stück zum Probieren. Ich saß in der Sonne, lackierte mir die Fußnägel. Das Kleid, das ich für den Kirchgang angezogen hatte, behielt ich den ganzen Tag an. Schließlich war Ostern, und was ging es mich an, daß niemand sonst Seide trug? Sie sollten sehen, daß ich nicht zu ihnen gehöre.

Ich saß da, in die Sonne blinzelnd, ich blickte auf die unordentlichen Schuppen und Hütten, die verstreut im Gelände standen, mindestens ein halbes Dutzend, auf die rostigen Fässer, die zerbrochenen Landmaschinen, die Autos ohne Räder, die windschiefen Zäune, die nichts einzäunten, dieses ganze unbeschreibliche Durcheinander, und ich sagte mir: Sei froh, das alles braucht dich nichts anzugehen, in einer Woche liegt es hinter dir.

Beim Mittagessen redeten sie von Maria. Wann kommt Maria? Wer holt Maria ab? Wirst du rechtzeitig zurück sein, Ted, um Maria abholen zu können? Soll ich dir mein Auto leihen, Ted?

Jeder leiht hier ständig jedem sein Auto aus. Mutti, kann ich mal kurz deine Karosse nehmen? Daddy, leih mir doch bitte schnell mal deinen Wagen!

Ted stand im Hof am Grill, einen fettglänzenden, an den Rändern angekohlten Hühnerflügel in der Hand. Mit einem Papierfetzen, den er von einer Klopapierrolle abriß, wischte er sich den Mund. Er ist der Boß der Familie. Er sieht besser aus als sämtliche neuen Onkels, Mutti vergöttert ihn. Und sie hat recht. Er ist ein Kerl, ein Mannskerl. Ich bin froh, Micha von ihm zu haben.

Als sie wieder von Maria loslegten, sagte ich laut: Habt ihr heute Nacht die Hyäne gehört?

Keiner gab mir Antwort, weil in diesem Augenblick

„Because of the high Dollarkurs you must understand that our Empfangskomitee is a little bit small."

Fiat Panda. Die tolle Kiste.

Was kann nun ein gewiefter Finanzchef einer deutschen Tochterfirma seinem Präsidenten (oder Chairman) sagen, wenn dieser aus Übersee zu Besuch kommt? 1st) Wir haben unsere Firmenwagenflotte auf Fiat Panda 34 umgestellt! Which means only 5,1/7,5 l unverbleites Normal bei 90 km/h/Stadtverkehr (Vergleichswerte nach DIN 70030-1). 2nd) Wir haben eine neue Bankverbindung, die unser Deficit-Spending verringert (siehe unten). 3rd) Unsere Executives fahren mit eingebauter Richtgeschwindigkeit (125 km/h Spitze), was 4th) die Radarkosten nach § 49 StVO sowie den Adrenalinspiegel senkt. 5th) Als Incentive gibt es den Panda Super mit getönten Scheiben. Für Ihre Ausritte auf der Ranch besorgen wir Ihnen gerne den Panda 4 x 4, Mr. Kinsella.

1,9% effektiver Jahreszins bei 30% Anzahlung und 30 Monaten Laufzeit. Ein Angebot der Fiat Kredit Bank.

Fiat Superleasing. Die intelligente Alternative zum Gebrauchtwagenkauf. Lassen Sie sich das mal vorrechnen.

Preisempfehlungen, unverbindliche, ab Kippenheim/Baden:
Panda 34, DM 9.790,-
Panda 45 CL, DM 10.400,-
Panda Super, DM 11.500,-
Panda 4 x 4, DM 15.100,-

Hilde – wieder eine neue Kusine von Micha – mit ihrem Berkeley-Auto in den Hof einfuhr. Das Auto war ein Witz. Eine Art Schrank auf Rädern, mehr hoch als lang, mit einer Einstiegsklappe vorne und winzigen Rädern, orangefarben wie ein Osterei, es fehlte nur die Schleife. Niemand war über den Anblick verwundert. Was ist denn das? fragte ich verblüfft.

Einer der Onkels klärte mich auf. Ein futuristisches Fahrzeug, eine Art Zukunftsvision, das Stadtauto, das kommen wird. Halb so groß, halb so schnell, halb so stinkend wie das, was es bisher gibt. Ein Großversuch, für den sich die Studenten von Berkeley zur Verfügung stellten. Jeder zehnte Student, sagte Michas Onkel, fährt mit einem solchen Lutschbonbon herum.

Das Auto war absolut lächerlich. Doch Micha war begeistert, besonders als Hilde ihn das Ding steuern ließ. Tuckernd und rumpelnd schaukelten sie zur Pferdekoppel. Micha rammte das Tor, sie lachten nur. Das Stadtmobil der Zukunft trägt ringsum eine stabile Gummimanschette.

Über dem See, im Himmel, der schon weiß wird vor Hitze, kreist ein Vogel. Er bewegt kaum die Flügel, treibt über dem Wasser, das schwarz, mit silbernen Flecken zwischen den roten Geröllufern liegt. Jetzt läßt sich der Vogel fallen, drüben an der Felsnase stürzt er herab, dort wo ich neulich Vater und Sohn nebeneinander stellte. Nun lacht mal schön, sag Cheese, Micha.

Dort, wo ich sie fotografiert habe, erscheint jetzt, vor dem Graugrün der Büsche, ein Farbfleck, orange wie ein Osterei. Das kann doch nicht wahr sein! Es ist Hildes Auto, der futuristische Prototyp. Aber sie hat es doch Ted ausgeliehen, der ließ es am Flughafen stehen, damit will er heute mit Maria zur Farm zurückkommen.

Na endlich! Das Auto, vor dem uns unsere Eltern immer gewarnt haben.

Der neue Panda Pop. Die tolle Farbkiste.

Nach all den Attacken auf das Trommelfell deutscher Eltern nun der Frontalangriff auf ihre Netzhaut. Der neue Panda Pop. Giftgrün, quietschrot, ketchuporange und veilchenblau flimmert er auf den Rezeptoren. Sitze grell, Boden schrill, Lack schräg. Auch die inneren Werte können zünftige Eltern kaum versöhnen: Er zahlt keine Steuern (31 Monate, entspricht ca. 446 DM), hat weder Turbolader noch 6 Zylinder, braucht weder Blei noch Additive, reich muß man auch nicht sein. Die unverbindliche Preisempfehlung ab Kippenheim beträgt 9.990 DM. Oder er läßt sich bei 15% Anzahlung und 1,9% effektivem Jahreszins bequem durch max. 46monatige Einschränkung bei Kaviar und Schampus finanzieren*). Zum Glück für alle Eltern gibt's den neuen Panda Pop nur in begrenzter Stückzahl.

*) Finanzierungsangebot der Fiat Kredit Bank.

1,9%	15% Anzahlung	1. Rate	2.–46. Rate
Effektiver Jahreszins	DM 1.499,–	DM 168,–	DM 192,–

Das Auto steht jetzt, in voller Schrankgröße, auf dem Felsen. Aber nein, es steht nicht, es schiebt sich voran, es rollt an den Rand, es fährt darüber hinaus, ich halte die Luft an, das Auto kippt. Eine lächerliche kleine Staubfahne hinter sich herziehend, fällt es, sich in der Luft drehend, stürzt es, dann ist es weg. Ich höre ein Klatschen, nur ein Klatschen höre ich, und während ich dies alles sehe und höre, schießt, gleichzeitig mit dem Fallen und Poltern und Klatschen, eine Stichflamme auf in meinem Herzen, von den Fußzehen bis zu den Haarwurzeln: kalter Triumph, eine mörderische Lust.

Totenstille. Habe ich geträumt? Ted und Maria im Wasser des Beryessa versunken, sie sind tot.

Doch das kann nicht sein. Warum sollten Ted und Maria, kaum angekommen, hier herauffahren? Aber ist Ted nicht dafür bekannt, daß er immer das macht, was niemand erwartet? Vielleicht sind sie früher angekommen, vielleicht wollte er der Frau vor dem Mittagessen schnell den See zeigen, so wie er ihn letzte Woche Micha gezeigt hatte?

Ich weiß, was ich tun müßte: Zu dem Ranger in der Blockhütte rennen, sie liegt nahe am Parkplatz, auf dem Teds Leihauto steht. Der Ranger hat ein Motorboot. Vielleicht käme die Hilfe nicht zu spät.

Aber ich renne nicht zur Blockhütte, ich fahre nicht hinüber zur Klippe. Ich bleibe sitzen im roten Staub, im Schatten der kalifornischen Eichen, ich zerreibe die grüngrauen Knospen der Mohnblumen zwischen den Fingern, ich sitze wie Blei, wer weiß, wie viele Stunden lang.

Zum Mittagessen bin ich bei Mutti zurück, die mit hochgelegten Füßen im Wohnzimmer vor dem Fernseher sitzt. In der Küche sind Ted und Maria und Swanny, die sie am Flughafen abgeholt hat. I am Susan, sage ich zu

Maria, die sehr schön ist, trotz der Schlitzaugen, das muß man ihr lassen, und kein bißchen schwanger, jedenfalls sieht man nichts. Soll ich dir auch einen Drink mixen? fragte Ted. Ja, sage ich, Kreide in der Stimme, gern, während mein Herz schrumpft wie ein Ballon, aus dem Luft entweicht. Mutti, sage ich und wende mich ab, wo ist Micha? Micha? ruft Mutti durch die Tür, hast du ihn nicht getroffen? Er ist dir mit Hilde entgegengefahren, hinauf zum Beryessa-See.

RÖMISCHE RÄUBER
GABRIEL LAUB

Ich habe den Ruf, ein guter Automitfahrer zu sein, der sachlich und kundig lotsen kann, ohne dem Menschen hinter dem Lenkrad Ratschläge zu geben, wie er fahren soll. Das tue ich schon deshalb nicht, weil ich nie gelernt habe, Auto zu fahren. Manchmal habe ich sogar einen Alptraum: ich sitze allein in einem schnell fahrenden Wagen, muß lenken und bremsen – und weiß nicht, wie man das macht. Nur als Mitfahrer bin ich also qualifiziert, das können mir alle meine motorisierten Bekannten und die meisten Hamburger Taxichauffeure bestätigen.

Da ich kein Fahrer bin, kann ich auch keine Geschichten in Motoristenlatein erzählen: von Beschleunigungen auf zweihundert Stundenkilometer in wenigen Sekunden, von Rekordfahrten Hamburg-München in drei Stunden oder von anderen Heldentaten, etwa wenn die Bremsen auf einer Alpen-Serpentine versagen.

Aber die folgende Geschichte ist wahr. Sie spielte sich in den letzten Januartagen des Jahres 1964 in Rom ab, und dem Auto gehört darin die wichtigste Nebenrolle. Es war bei der Rückkehr von einer Reise nach Israel, meiner ersten richtigen Westreise. Ich wohnte noch in Prag, Israel liegt bekanntlich im Nahen Osten, und der war damals noch sehr weit von Prag entfernt, eben weil er zum Westen gehörte. Man hatte mir erlaubt, meine Mutter in Tel Aviv zu besuchen, weil ich in Prag meine schwangere Frau als Faustpfand zurückließ.

In Tel Aviv habe ich zwei bekannte Damen aus Bratislava getroffen, auf dem Schiff von Haifa nach

„An diesem FIRE-Motor, Mayer, sollten sich unsere Angestellten ein Beispiel nehmen: Kaum Verschleiß, kaum Geräusch, aber immens fleißig."

Fiat Panda. Die tolle Kiste.

Nachdem sie jahrelang nach dem geeigneten Vorstandsfahrer gesucht hatten, stand er nun vor ihnen – mit Forderungen, weit unter denen seines Vorgängers. Immens fleißig: Nur 237 bewegliche Teile leisten 25 kW/34 PS bergauf und bergab und 125 km/h auf der Geraden. Kein geräuschvolles Aufbegehren bei bleifreier Kost. 5,0/6,2 Liter bei 90 km/h, Stadtverkehr (nach DIN 70030-1) decken voll und ganz seinen Kalorienbedarf. Kein Ausfall wegen streikendem Motor, ca. 8 Stunden Wartung auf 100.000 km sind selbst für einen Otto-Normal-Verbraucher eine sehr bescheidene Erholungspause. Panda 750 L. Soviel Auto braucht der Chef.

Die 7fach verstellbare Rückbank des Panda 750 L: (1) Doppelbett, (2) Normal, (3) Kinderwiege, (4) Einkaufswagen

F I A T

Neapel schlossen sich uns zwei weitere Herren aus der Tschechoslowakei an. Wir wählten alle den längsten und billigsten Weg über Italien und Österreich, vor allem wegen unserer Valuta-Knappheit: Jeder von uns hatte von der Tschechoslowakischen Staatsbank zum Schwarzmarktpreis fünf Dollar bekommen für die ganze Reise. Die meine dauerte sieben Wochen. Den Unterhalt und einen großen Teil der Fahrtkosten mußten uns also die westlichen Verwandten und Bekannten finanzieren. Wir wollten aber unterwegs auch so viel wie möglich sehen. Man wußte ja nicht, wann man wieder reisen durfte.

Nach einer Fußwanderung durch Neapel von sechs Uhr morgens bis zum späten Nachmittag waren wir abends mit dem Zug in Rom angekommen. Beim Zimmernachweis am Bahnhof hatten wir die Adresse der wohl billigsten römischen Pension bekommen – eintausend Lire pro Bett.

Kaum hatten wir unsere Sachen abgelegt, rief ich meinen Freund Carmine de Lipsis an. Carmine hatte lange Jahre in Prag gelebt, angeblich als Medizinstudent; in Wirklichkeit hatte er sich vorwiegend seiner Arbeit als Korrespondent der italienischen kommunistischen Zeitung *L'Unità* gewidmet, noch intensiver aber den Prager Mädchen. Folglich konnte er ganz gut Tschechisch.

Carmine versprach, uns gleich abzuholen und in ein Restaurant zu führen, wo wir echt italienisch und unserer knappen Devisenkasse angemessen essen könnten. Das *Lucerna* in Trastevere erwies sich dann aber als ein Lokal der gehobenen Kategorie. Der Wirt war jedoch Kommunist und machte für die Gäste aus der sozialistischen Tschechoslowakei einen guten Preis: für 7500 Lire – dies waren etwa 7,50 DM, für uns jedoch satte 75

Kronen – durften wir essen, was und wieviel wir wollten. Er spendierte sogar eine Flasche Sekt dazu. Ich war aber zu müde, um wirklich viel zu essen. Inmitten des vierten Ganges, es war ein köstlicher Lammrücken, mußte ich aufgeben. Auch die anderen waren erschöpft. Einer war gar in der Pension geblieben, was sich als günstig erwies, da Carmines Wagen winzig war: ein Fiat 500 oder 600, ich weiß es nicht mehr.

Aber zu fünft fanden wir Platz ohne Schwierigkeiten. Meine Reisegefährten waren schlank, und ich war damals auch um gut zwanzig Kilo leichter als heute. Die Reise nach Trastevere und zurück verlief also ohne besondere Vorkommnisse.

Schwieriger wurde es am nächsten Tag, als uns Carmine alle fünf zu Roms Sehenswürdigkeiten kutschierte. Da waren wir mit dem Fahrer sechs. Wie wir uns in dem Wagen zusammengedrückt haben, weiß ich heute nicht mehr. Tatsache ist aber, daß uns der Fiat den ganzen Tag alle sechs transportierte.

Carmine fuhr, wie alle Italiener, frech, aber sicher. Einige Jahre später kam er durch ein Auto ums Leben, als er ganz gegen seine Gewohnheiten zu Fuß unterwegs war.

Als wir am Colosseum hielten, war es schon fast sechs Uhr nachmittags. Die Januarsonne schien schwach. Die Straße dicht an der Mauer, wo Carmine das Auto stehenließ, war menschenleer, auch im Riesenamphitheater störten keine Touristen das Bild und hinderten den Betrachter nicht daran, in seiner Vorstellung die Stufen mit den Menschen von vor zwei Jahrtausenden zu bevölkern. Ich machte drei, vier Fotos mit meiner *Leica* aus den dreißiger Jahren, die ich ein halbes Jahr zuvor in einem Moskauer Kommissionsladen gekauft hatte. Ein

Objektiv hatte ich bei mir, die anderen drei waren in Carmines Fiat geblieben, wo auch meine Freunde ihre Fotoausrüstungen zurückgelassen hatten. Das Licht war ja nicht sehr gut.

Die Besichtigung dauerte nicht länger als fünfzehn bis zwanzig Minuten. Als wir danach zu unserem Fiat zurückkamen, war die Straße immer noch leer. Das Auto war es auch. Es gab keine Spur von Gewaltanwendung. Die Diebe mußten Spezialisten gewesen sein: Sie hatten nur Kameras und Fotozubehör mitgehen lassen. Eine nagelneue, noch verpackte Strickjacke war liegengeblieben, vielleicht für andere Diebe, denen man auch etwas gönnen wollte. Drei Kameras meiner Mitreisenden waren verschwunden und meine drei Original-*Leica*-Objektive auch. Fünfzehn belichtete Filme, die ganze Ausbeute meiner damals exotischen Israel-Reise, gingen ebenfalls verloren.

Bevor uns Carmine zum nahen Polizeirevier führte, bat er einen von uns, sich zu entfernen. Die Polizisten sollten nicht erfahren, daß wir zu sechst im Wagen gesessen hatten. Fünf – das war normal, sechs waren verboten.

Obwohl es dank Carmine keine Sprachschwierigkeiten gab, dauerte die Aufnahme des Protokolls sehr lange, und das nicht nur, weil der Wachtmeister mit einem Finger tippte. Er war mir gegenüber mißtrauisch, denn er hatte den Verdacht, daß ich Italienisch sprechen könne und mich nur verstelle. Wie er darauf gekommen war und was mir eine solche Täuschung hätte bringen sollen, ist mir unerfindlich. Ich war Ausländer, das erwies schon mein Paß. Es gehörte wohl zum Beruf eines Polizisten, egal welcher Nation, daß er mißtrauisch sein muß. Wenn er keinen Verdächtigen zur Hand hat, verdächtigt er den

Ab sofort kann der Luftraum über Deutschland besser genutzt werden.

Fiat Panda. Die tolle Kiste.

Der Grund: Panda Primavera mit 2 Faltdächern. Eins vorn, eins hinten. Etliche Kilometer Freiheit für 5 kluge Köpfe. Oder Sie blicken durch Verbundglas-Frontscheibe, getönte Scheiben rundum, 4 Ausstellfenster. Innen 7fach verstellbare Rückbank, Stoffbezüge, Teppichboden, 3 große Ablagefächer, Kunststoffstoßfänger, Flankenschutz, 6 Jahre Gewährleistung gegen Durchrostungsschäden. Deutschland zu Lande mit 33 kW/45 PS, 140 km/h. 5,8/7,5/8,4 Liter Super bei 90/120 km/h/Stadtverkehr (Vergleichswerte DIN 70030-1). Da kann man öfters mal zum Fernsehen ins Grüne fahren.

erstbesten, der zur Verfügung steht. So dauerte das Protokoll eineinhalb Stunden. Dann zog der Wachtmeister aus der Tasche die Kopie eines anderen Protokolls. Darauf war verzeichnet, was man ihm selbst aus seinem Wagen geklaut hatte. Die Liste war viel länger als unsere. Man hatte ihm nicht nur die Reifen abmontiert, sondern auch einen Löffel mitgenommen, der im Auto lag. Entweder waren es Diebe gewesen, die keine Spezialisten waren, oder sie waren deshalb so gründlich vorgegangen, weil sie wußten, daß der Wagen einem Polizist gehörte.

Zum Schluß gab uns der Wachtmeister den Rat, am nächsten Tag zum Flohmarkt Porta Portese zu fahren und uns dort umzusehen. Vielleicht würden wir unser Eigentum wiederentdecken.

Wozu der ganze Aufwand mit dem Protokoll nötig gewesen war, wußten wir nun auch nicht mehr – wohl der Ordnung halber. Versichert war keiner von uns, wir waren sehr unerfahrene Auslandsreisende.

Porta Portese haben wir an jenem Sonntag besucht und viel Interessantes gesehen, aber unsere Sachen haben wir natürlich nicht gefunden. Vielleicht war das gut so – denn was hätten wir tun können, wenn wir sie entdeckt hätten?

Am nächsten Tag fuhr Carmine zweimal zum Bahnhof. Mit Gepäck hätten wir zu sechst beim besten Willen nicht in seinem kleinen Fiat Platz gehabt.

EIN VERKEHRTER VERKEHRSUNFALL

EPHRAIM KISHON

Ich traf Jossele in unserem Stammkaffee in bedauernswertem Zustand an.

Er hatte seine verletzte Hand im Hemdschlitz verborgen, dicht über dem Herzen, so daß man unwillkürlich an die typische Pose Napoleons denken mußte. Mit der Linken führte er geistesabwesend die Kaffeetasse zum Mund. Die Beine hatte er in schmerzfreier Haltung ausgestreckt, in seinem Gesicht prangten rote und blaue Wundmale.

»Jossele«, fragte ich, »was ist los?«

»Was ist los, was ist los«, gab er giftig zurück. »Ein Unfall, sonst nichts.«

Der Unfall hatte sich zwei Tage zuvor ereignet, als Jossele seinen neuen Wagen einzufahren versuchte. Es war, milde gesagt, ein Wagen von geringen Ausmaßen, ein Kleinwagen, eine jener Minikonstruktionen, die dem Besitzer das Auffinden von Parkplätzen und den Ankauf von Treibstoff erleichtern sollen. Ein Zwergwagen. Länge: 2 Meter. Breite: 1 Meter. Höhe: nicht der Rede wert.

»Davon abgesehen, ist es ein sehr guter Wagen«, behauptete Jossele. »Natürlich gibt es am Anfang gewisse Schwierigkeiten mit dem Einsteigen. Man muß sich ein wenig hinunterbeugen, und da kann es schon vorkommen, daß man sich das Gesicht an der Fußmatte beschmutzt. Aber wenn man einmal drin ist und die richtige Position gefunden hat, um die Beine bis zu den Scheinwerfern auszustrecken, dann kommt man mühelos auf sechzig Stundenkilometer.«

Tut uns leid, nach so vielen Jahren war der rechte Spiegel fällig.

Fiat Panda Ponte. Die tolle Kiste.

Die sehr einseitige Widerspiegelung der Ereignisse auf Straßen und Plätzen dieser Republik hat jetzt ein Ende. „Denn gerade rechts außen gibt es jede Menge Radfahrer, die man aus Sicherheitsgründen im Auge behalten muß", kommentiert Panda Ponte-Herausgeber Fiat. Zu dem rechten Spiegel gehören außerdem visuelle Leckerbissen, nach denen sich jedes Hochglanz-Magazin die Finger leckt: Metallic-Lackierung in Diamantgrau oder Seidenbraun. Breitreifen mit enganliegenden Radzierblenden. Auf Himmel, Basis und Inneres abgestimmte Sitzbezüge. „Trotzdem werden wir mit der Sonderausgabe Panda Ponte nicht an den Kiosk gehen, sondern ihn, wie seine Standard-Ausgabe Panda 1000 CL Plus, nur über unser eigenes Händlernetz verkaufen."

Finanzierungsangebot der Fiat Kredit Bank:

 25% Anzahlung.   1,9% effektiver Jahreszins.  36 Monate Laufzeit.

»Diese Wagen sind jetzt sehr beliebt«, stimmte ich zu.
»Und nicht nur bei uns. Erst unlängst habe ich in der Zeitung gelesen, daß ein solches Zwergauto in Argentinien von einem Lämmergeier attackiert wurde und glatt davonkam, weil der Fahrer geistesgegenwärtig unter einen geparkten Laster steuerte.«
»Ja, es sind sehr zuverlässige Wagen«, bestätigte Jossele. An seinem Unfall war natürlich die Gegenseite schuld. Jossele hatte an einer Verkehrsampel auf das grüne Licht gewartet und war streng nach Vorschrift losgefahren, als im letzten Augenblick ein Fußgänger zum Überqueren der Kreuzung ansetzte, plötzlich innehielt und mit Josseles Kotflügel zusammenstieß. Jossele verspürte einen dumpfen Schlag gegen die Fußsohlen, das Lenkrad drang in seine Mundhöhle und die Handbremse in seinen Ellbogen.
»Nur mit größter Mühe konnte ich mich freimachen«, fuhr Jossele fort. »Ich wand mich aus dem Sitz heraus und öffnete den arg verklemmten Schlag. Der Anblick, der sich mir bot, war deprimierend. Mein Wagen glich, man kann es nicht anders ausdrücken, einer Ziehharmonika kurz nach dem Schlußakkord.«
»Entsetzlich. Und was war mit dem anderen?«
»Mit welchem anderen?«
»Mit dem Fußgänger?«
»Ach, der. Das war ein stämmiger Kerl, breitschultrig, mindestens hundert Kilo schwer. Dem ist nichts passiert. Nicht einmal ein Kratzer. Er staubte sich die Hose ab und wollte weitergehen. ›Haben Sie keine Augen im Kopf? Können Sie nicht aufpassen?‹ brüllte ich ihn an. ›Ich habe Sie nicht gesehen‹, entschuldigte er sich. ›Ich habe in eine andere Richtung geschaut.‹ Und er zuckte die Achseln.«

»Um Ausreden sind diese Verkehrssünder nie verlegen«, warf ich ein.
»Du sagst es. Inzwischen hatte sich bereits eine Menschenmenge angesammelt und ergriff, wie es die Gewohnheit von Menschenmengen ist, sofort Partei. Verschiedene Rufe erklangen: ›Der muß Ihnen Schadenersatz zahlen... Er ist wie ein Schlafwandler umhergetorkelt... Lassen Sie ihn nicht entwischen...‹ Darauf schien der Mann es nämlich angelegt zu haben. ›Rühren Sie sich nicht!‹ rief ich ihm zu. ›Bleiben Sie stehen, bis die Polizei kommt. Das könnte Ihnen so passen – zuerst auf einer Verkehrsstraße Amok zu laufen und dann verschwinden. Dafür werden Sie teuer zu zahlen haben.‹
›Nur keine Aufregung‹, ließ der unverschämte Wegelagerer sich jetzt vernehmen. ›Sie sind ja versichert, oder nicht?‹
›Was wollen Sie damit sagen?‹
›Daß ich Ihr beschädigter Unfallsgegner bin.‹
›Das wären Sie nur, wenn ich Sie überfahren hätte.‹
›Sie haben mich angefahren, das genügt.‹
So ging es eine Weile hin und her«, berichtete Jossele zähneknirschend. »Das Blut stieg mir zu Kopf, als ich meinen kaputten Wagen ansah und dann meinen völlig intakten Unfallsgegner, dieses Monstrum, dem es nichts ausmachte, sich auf einen Zusammenstoß mit einem Zwergwagen einzulassen. Noch ein Glück, daß ich so langsam gefahren war, sonst läge ich jetzt im Spital. Aber das kümmerte den brutalen Kerl natürlich nicht.«
»Von so einem darfst du keine Rücksicht erwarten«, tröstete ich meinen auch seelisch verletzten Freund.
»Die Verkehrsstauung wurde immer größer«, nahm Jossele den unterbrochenen Faden wieder auf, »und die

„Wir haben kleinere Firmenwagen angeschafft und dafür ein paar Mitarbeiter mehr eingestellt."

Fiat Panda. Die tolle Kiste.

Nach der letzten Bilanz war der Chef wie verwandelt: „Wir brauchen Format statt Größe!" (Die 338 mal 146 Zentimeter passen!) „Funktionalität statt schnödem Protz!" (Verschiebbarer Aschenbecher, Nebelschlußleuchte, 7fach verstellbare Rückbank) „Innere Werte statt großem Getue!" (34 DIN-PS/25 kW) „Zeitgeist statt Tradition!" (125 km/h Spitze, 5,1/7,5 Liter unverbleites Normal bei 90 km/h/Stadtverkehr nach DIN 70030-1) „Zwei Zylinder kann man wegrationalisieren, nicht aber zwei Köpfe mit Ideen." Der alte Buchhalter, die neuen Mitarbeiter und der Herr vom Arbeitsamt beschlossen, den Chef zum Manager des Jahres vorzuschlagen.

2,9% effektiver Jahreszins bei 30% Anzahlung und 30 Monaten Laufzeit. Ein Angebot der Fiat Kredit Bank.

Achtung, Sondermodell! Panda Bianca. Weiße Sonderlackierung, weiße Radkappen, weiße Stoßfänger, Sondersitzbezüge, Zierstreifen.

Unverbindliche Preisempfehlungen (zzgl. Überführungskosten): Panda 34, DM 9.790,– Panda Bianca, DM 10.200,– Panda 45 CL, DM 10.400,– Panda Super, DM 11.500,– Panda 4 x 4, DM 15.100,–

Anteilnahme der Umstehenden begann ins Detail zu gehen. Wohlmeinende Passanten empfahlen meinem Gegner, mich durch eine sofortige Bezahlung von mindestens fünfzig Pfund zu versöhnen. Der Kerl tat, als ob er taub wäre. Wie ein Betrunkener über die Straße zu stolpern – das fand er offenbar ganz in Ordnung. Aber die Verantwortung für seine Fahrlässigkeit zu übernehmen – das fiel ihm nicht ein.«

»Habt ihr euch geeinigt?«

»Nein. Nach einer Weile wurde er ungeduldig: er könne hier nicht in alle Ewigkeit stehenbleiben wie eine Salzsäule, er müsse nach Hause, seine Frau würde sich Sorgen machen. Ich warnte ihn vor einer so schwerwiegenden Gesetzesübertretung und gab ihm zu bedenken, daß er den Unfallsort nicht verlassen dürfe, weil die Polizei den Hergang des Unfalls sonst nicht rekonstruieren könnte. Einige Herrenfahrer ermunterten mich: ›Er darf sich nicht vom Fleck rühren... Halten Sie ihn fest... Notieren Sie seine Nummer...‹ und dergleichen mehr.«

»Was für eine Nummer?«

»Die Nummer seines Personalausweises. Ich verlangte seine Papiere zu sehen. Er griff in die Tasche – aber das erwies sich als Täuschungsmanöver. Plötzlich wandte er sich um, durchbrach mit einem Satz den Ring der Umstehenden und flüchtete. Ich hinter ihm her. ›Aufhalten!‹ brüllte ich. ›Aufhalten, den Banditen! Ich habe ihn überfahren! Aufhalten!‹ Aber es half nichts.«

Jossele starrte trüb in seinen Kaffee.

»Er ist entkommen. Ich mit meinem verletzten Bein konnte nicht so schnell laufen wie er. An einer Straßenkreuzung beging er einen weiteren Verstoß gegen die Verkehrsregeln und lief bei rotem Licht hinüber. Als gesetzestreuer Bürger wartete ich natürlich auf Grün –

Die Vereinsführung beschloß, den Mannschaftsbus abzustoßen und dafür kleinere und schnellere Transportmittel sowie einen größeren Mittelstürmer einzukaufen.

Fiat Panda. Die tolle Kiste.

Außen kurz: 3,38 Meter. Innen riesig: 89,5 cm Kopffreiheit vorn (da kriegt der Mittelstürmer keine Delle in die Fontanelle). 5-Sitzer mit 272 l Gepäckraum (s. Skizze). 3 riesige Ablagefächer. 4 Ausstellfenster. 5 Sicherheitsgurte. 6 Jahre Garantie gegen Durchrostungs-Schäden. 7fach verstellbare Rückbank. Kopfstützen vorn. Schutzschilde vorn und hinten. Flankenschutz. Nur 700 kg Eigengewicht (vollgetankt). Zulässiges Gesamtgewicht 1150 kg. 33 kW / 45 PS-Motor, 140 km/h Spitze. Antrittschnell: von 0 auf 100 km/h in 19,1 Sek. Kein Schlucker: 5,8 l (Super nach DIN 70030-1) bei 90 km/h, 7,5 l bei 120 km/h, 8,4 l im Stadtverkehr. Ablösesumme auf Anfrage beim Fiat Händler.

FIAT

und inzwischen war er längst verschwunden. Ich ging sofort zur Polizei, meldete den Vorfall und gab eine genaue Personenbeschreibung des Übeltäters. Vergebens. Trotz sofort aufgerichteter Straßensperren wurde er nicht mehr gefunden. Vielleicht hat er sich in einem Taxi aus dem Staub gemacht, der Verbrecher. Wirklich, es gibt nichts Verächtlicheres, als einen Verkehrsunfall zu verursachen und das Opfer auf der Straße zurückzulassen. Ein so niederträchtiger Fall von Fußgängerflucht ist mir noch nicht vorgekommen.«

R Ü C K S T R A H L E R

„Mein erster Schultag.
Die Tüte war Papis
Idee, der Schulbus
Mamis."

Fiat Panda. Die tolle Kiste.

Die Tüte ist 3,09 m lang, faßt 30 Päckchen Gummibären, knapp drei 1-m-Lineale, 9 m Lakritze. Der Bus ist 3,38 m lang und faßt 4 Schüler (einer über, drei unter 12 Jahren), einen Erziehungsberechtigten sowie 14 Schulranzen. 45 DIN-PS (33 kW) und ca. 140 km/h Spitzen-, Höchst- und Dauergeschwindigkeit, sofern es die StVO zuläßt. 5,0/7,0/7,1 l Super bei 90/120/km/h/Stadtverkehr (Vergleichswerte nach DIN 70030-1). Er spart Fahrzeit und vollbesetzt Fahrgeld. Der Bus ist nicht an den Zweck des Personentransports gebunden. Er kann auch durchaus als Erst- und Zweitwagen, für Einkaufsfahrten, Umzüge und Transporte aller Art verwendet werden.

IN DER KISTE SITZT 'NE MAUS
BEHAUPTET FRITZ B. BUSCH UND LÄSST SIE RAUS...

Wenn eine Oma Emma heißt, so finden wir den Namen bestimmt altmodisch. Zumindest so lange, bis eine attraktive und atemberaubend kurzberockte Popsängerin mit dem Vornamen Emma in unser Blickfeld tritt oder der weibliche Star einer Fernsehserie. Man denke nur an Emma Peel. Oh, là, là, schon hat der Name Emma prikkelnden Reiz, und alle Mädchen sehen aus, als ob sie Emma hießen.

Was ist geschehen? Der Name bekam ein neues Image. So einfach ist das.

Werber wissen das längst, aber der Trick gelingt nicht immer. Das Produkt muß auch so aussehen, als ob es Emma hieße. War es nicht Ringelnatz, der reimte: Alle Möwen sehen aus, als ob sie Emma hießen?

Aus einem Panda-Bärchen aber eine Kiste zu machen, das ist schon schwieriger, weil ein Panda doch ein Kuschel-Bär ist, einem Teddy ähnelnd, und genauso putzig.

Daran hätte man das Ding doch mühelos aufhängen können, aber eine große Tat wäre das nicht gewesen, weil zu simpel, zu naheliegend und nicht mehr zeitgemäß.

»Wenn mein kleiner Teddy-Bär doch so'n richtiges Baby wär...« sang damals ein Mädchen, als Schlager noch naiv und romantisch und Teddy-Bären süß sein durften.

Heute redet und denkt man schnoddriger als damals. Nur die Gummi-Bärchen dürfen noch süß sein, ohne daß

Walter wollte eine große weiße Hochzeitskutsche. Ulrike dachte etwas praktischer.

Fiat Panda. Die tolle Kiste.

Das Doppelbett, für Flitterwochen und Urlaub: alle Lehnen flach. „Kinderwagen": Rückbank V-förmig (s. Skizze). Der Einkaufswagen: Rückbank vorfalten. Der Lastwagen: Rückbank raus, 1088 l Laderaum. Der 5-Sitzer: alle Sitze in Normalstellung. Stark: 33 kW/45 PS. Schnell: Spitze 140 km/h. Sparsam: 5,9 l Super bei 90 km/h, 7,5 l bei 120 km/h, 8,4 l im Stadtverkehr (nach DIN 70030-1). Komplett: Verbundglas-Frontscheibe, Heckscheibenwischer, Kopfstützen vorn, Stoffbezüge, abknöpfbar, leicht zu reinigen. Robust: Schutzschilde vorn und hinten, Flankenschutz. Es gibt ihn in Siamrot, Keniabeige, Kastanienbraun. Was paßt zum Hochzeitskleid, Ulrike?

FIAT

man es ihnen nachträgt. Aber ein Auto? Nein – und sei es noch so klein.

Da hatte es der allererste Winzling aus Turin doch leichter, vom Publikum einen Kosenamen verpaßt zu kriegen, der recht putzig war: Topolino – das Mäuschen. Er sah aber auch wirklich so aus, und als Fiat den kleinen Mann damit beglückte, war der noch ein Träumer. Der wahre Volkswagen des kleinen Mannes war damals das Motorrad. Zu mehr reichte es nicht, wenn überhaupt. Aus dem Motorrad waren schon etliche Kleinstwagen entstanden, aber kaum je gelang es, aus dem einen Zylinder, um den herum man eine Karosse bastelte, ein richtiges Auto zu machen. Und da kam er, nein, es, das Mäuschen, und hatte gleich vier richtige Auto-Zylinder unter der Haube, besser: im Schnäuzchen, das es witternd gesenkt hielt, wenn es flink über die Straße schnürte. Das war 1936.

Da hielt das Volk den Mund nicht lange, dachte nur kurz nach und rief »Topolino!«

Oh, ich beneide die Italiener um ihre Sprache! Sie macht es sogar möglich, aus dem ›kleinen Mehl‹ (der junge Herr Mehl war wirklich etwas zu kurz geraten) den großen Pininfarina zu machen. So, wie das ja schon bei Herrn Neuhaus gelungen war, der zum Casanova wurde.

Wenn wir Deutschen bei kleinen Autos zärtlich werden wollten, klang das wesentlich sachlicher. Ein Jahrzehnt vor der Geburt des Mäuschens hatte in Hannover der kleine Hanomag das Licht der Welt erblickt. Auch sein Erscheinen bewegte den kleinen Mann so heftig, daß ihm zugleich ein Spitzname für ihn einfiel. Er nannte den einzylindrigen Zweisitzer ›Kommißbrot‹, weil er jenem Brotlaib ähnelte, der dem Soldaten beim Kommiß (dem Militär) in die Hand gedrückt wurde.

»Vorne rund und hinten rund und Gesamtgewicht ein Pfund.« Das paßte zu dem Kleinen wie die Faust aufs Auge.

Es ist erwiesen nützlich, unscheinbare Dinge, die beim Publikum ankommen sollen, durch Namen oder Sprüche aufzuwerten, die der Zielgruppe einleuchten. Ja, sie müssen von einigem Wahrheitsgehalt sein, wenn sie nicht wie Wasser im Sand versickern, sondern Früchte tragen sollen. Als die Franzosen ihren Citroën 2 CV in Deutschland populär machen wollten, verfielen sie in Unkenntnis der deutschen Mentalität auf den Kosenamen ›Monp'tit‹ (mein Kleiner) und lagen damit meilenweit neben dem Mann auf der Straße. Der taufte das Ding kurzerhand ›Ente‹, womit er für alle Zeiten Recht behalten sollte.

Nicht vielen Autos war es vergönnt, vom Volke mit einem Spitznamen bedacht zu werden. Das allererste war wohl Henry Fords T-Modell, das als Tin-Lizzie (Blech-Liesl) in die Geschichte einging. Ein Kosename war immer eine Auszeichnung und ein Beweis dafür, daß das Produkt ›ankam‹.

Diese Auszeichnung verlieh das Volk bevorzugt kleinen, liebenswerten Fahrzeugen, weil sich nur mit ihnen Herz und Schnauze des kleinen Mannes beschäftigten.

Es waren wohl die Berliner, die dem kleinen Hanomag noch einen zweiten Spitznamen verpaßten: Wanderniere. Auch er ein Muster an Treffsicherheit, aber die Wanderniere war schon getauft und ging als Kommißbrot in die Automobil-Geschichte ein.

Auch einem Opel widerfuhr die Ehre, vom Volke getauft zu werden. Das geschah Mitte der zwanziger Jahre, als Opel seinen zweisitzigen Kleinwagen vom ersten deutschen Fließband schubste, den 4/12er, der

Bereits 8,4% aller deutschen Oberbrandmeister wissen, daß das Wort FIRE auch „Fully Integrated Robotized Engine" bedeutet und nicht unbedingt einen Brandalarm auslöst.

Fiat Panda. Die tolle Kiste.

Ein Motor, dessen Arbeit ausschließlich im Verbrennen besteht, muß bei diensteifrigen Oberbrandmeistern auf Mißtrauen stoßen. Ganz besonders, wenn er FIRE heißt. Doch dazu besteht kein Grund. Denn der Panda FIRE besitzt die Tugenden, die jedem Feuerwehrmann in Fleisch und Blut übergegangen sind: 1. Fleiß, 764 cm³ Brennraum produzieren 25 kW/34 PS und 125 km/h Spitze. 2. Ständige Einsatzbereitschaft, nur ca. 8 Stunden Wartung auf 100.000 km. 3. Bescheidenheit, nur 5,0/6,2 Liter Super bleifrei löschen pro 100 km bei 90 km/h/Stadtverkehr (nach DIN 70030-1) seinen Durst. Übrigens ist die Mitgliedschaft bei der Freiwilligen Feuerwehr nicht Voraussetzung für den Erwerb eines Panda.

Panda 750 L Plus
DM 9.990,-*

Panda 1000 CL
Sonderserie Garda
DM 11.690,-*

Panda 4 x 4
Sonderserie Sisley
DM 14.990,-*

*unverbindliche Preisempfehlung ab Kippenheim

ausschließlich in Grün zu haben war. Und weil er dazu auch noch vermöge seiner primitiven Blattfederung hüpfte, machte ihn der Volksmund zum ›Laubfrosch‹, und als solcher ist er unvergessen.

Als dann der kleine Topolino kam, zehn Jahre später, hüpfte der Laubfrosch noch herum und strebte die Wanderniere noch in alle Himmelsrichtungen, denn diese Kleinen gingen durch zweite, dritte und noch mehr Hände und beglückten dadurch eine ihre ursprüngliche Produktionsziffer weit übertreffende Zahl von Menschen. Dazu muß man auch diejenigen Verehrer zählen, die nur vom Besitz dieser Fahrzeuge träumen konnten, sich aber voll und ganz mit ihnen identifizierten. So wurden sie zur Legende. Etwas Besseres kann dem Hersteller eines Produktes wohl kaum in den Schoß fallen. Der Volksmund ist als Werbetexter unschlagbar.

Daß der kleine Dixi, der in den Endzwanzigern in Deutschland Karriere machte, keinen Kosenamen bekam, lag an dem, den er schon hatte: Dixi. Etwas Putzigeres fiel da niemandem ein. Und hier liegt ein Glücksfall vor, der um so erstaunlicher ist, als die Dixi-Werke in Eisenach vor dem Erscheinen ihres Kleinwagens ausschließlich große Personen- und Lastwagen gebaut hatten, die ebenfalls Dixi hießen. Aber die waren eben alle an dem Namen vorbeiproduziert worden...

Andere Namensgeber hatten teils eine glückliche Hand, teils unverschuldet die besten Voraussetzungen: So nannten die einen ihren Kleinwagen ›Spatz‹ (und dem war nichts hinzuzufügen), und der andere gab seinem Winzling seinen eigenen Namen: Kleinschnittger. So hieß der Mann, der ihn entwarf und produzierte, und sein Produkt sah tatsächlich wie ein kleines Schnittchen aus. Auch hier hielt sich der Volksmund weise zurück.

Vom Topolino aber kam er nicht los. Der hieß noch so, als er schon gar keiner mehr war. Gehen wir mal der Sache nach. Er wurde in seiner Urform bis zum Beginn des Jahres 1949 gebaut, und bis dahin sah er einer kleinen Maus auch wirklich ähnlich. Auf dem Genfer Salon stellte Fiat dann aber im März 1949 den Nachfolger vor, den 500 C, der konstruktiv noch eng mit dem Topolino verwandt war, der aber wegen seiner kantigeren Form in kein Mauseloch mehr hätte schlüpfen können. Das focht den kleinen Mann aber nicht an. Er verweigerte strikt eine neue Namensfindung und blieb bei Topolino.

Ich selbst habe damals den Kleinen lange angeschaut, was kein Problem war, denn ich hatte mir einen gekauft, und hatte darüber nachgedacht, wie man ihn wohl nennen könnte. Er sah nun eher wie ein Hamster aus, zumal ich ihn in der Giardiniera-Version (als Kombiwagen) erworben hatte, der bestens geeignet war, eine Menge Krimskrams heim in den Bau zu schleppen. Aber als ›Hamster‹ würde ein liebenswerter Kleinwagen nie in die Geschichte eingehen können. Ich fand damals ganz privat und für mich alleine die einzig mögliche Steigerung für seinen unschlagbaren Kosenamen, ich nannte ihn ›meine Supermaus‹.

Damit wurde ich ihm auch insofern gerecht, als er nun imstande war, mit beinahe 100 km/h dahinzueilen, was dem Ur-Mäuschen mit seinen 13 PS nie gelungen war.

Und dann geschah das Ungeheuerliche: Im Jahr 1957 stellte Fiat den ›neuen 500‹ vor, so seine offizielle Bezeichnung, der, obwohl von völlig gegensätzlicher Konstruktion (zwei luftgekühlte Zylinder hinten anstelle von vier wassergekühlten vorn), so sehr wie ein Mäus-

„Papi hat's geschafft! Der Tank ist leer."

Fiat Panda. Die tolle Kiste.

Selbst Panda-Fahrer müssen auf zwischenmenschliche Kontakte an Tankstellen nicht verzichten. Anerkennende Blicke des Tankwartes – „Wieviel läuft denn da durch?" – werden sie allerdings missen. 5,0/5,1/7,1 l Super bei 90/120 km/h/Stadtverkehr (Vergleichswerte nach DIN 70030-1 für Panda 45). Es dauert ein Weilchen, bis der 38-l-Tank leer ist. 33 kW/45 DIN-PS, ca. 140 km/h Spitze, getönte Scheiben, 7fach verstellbare Rückbank, heizbare Heckscheibe mit Wischer/Wascher, 4 Ausstellfenster, alles inkl. für DM 10.100,– unverbindliche Preisempfehlung ab Kippenheim/Baden. Da ist beim Familienausflug noch 'n Eis extra drin, Papi.

*unverbindliche Preisempfehlung ab Kippenheim/Baden. Superleasing und günstige Finanzierung durch die Fiat Kreditbank GmbH.

chen aussah, daß die Damen bei seinem Anblick kreischend auf die Stühle sprangen. Und doch durfte er nicht mehr Mäuschen sein. Ihm war aufgetragen, einen neue Ära einzuläuten – den Fiat-Kleinwagen mit Heckmotor. Und also war er der ›neue 500‹, der ›Nuova Cinquecento‹, obwohl er doch auch als ›Nuova Topolino‹ seinen Weg hätte machen können.

Ich war damals eigentlich längst aus seiner Klasse herausgewachsen und hatte auch schon mal vorübergehend einen Mercedes gefahren, aber er traf mich so sehr ins Herz, daß ich ihn mir kaufte und meiner Familie befahl, ihn Topolino zu nennen. Wir waren glücklich mit ihm, bis unsere Tochter weder längs noch quer noch hochkant in ihn hineinpaßte. Das ist viele Jahre her, aber erst neulich habe ich mir wieder einen gekauft, um ihn meinem privaten Oldtimer-Museum einzuverleiben, weil nicht nur ich ihn nie vergessen kann, sondern weil ihn auch mein Publikum wiedersehen möchte.

Und nun ereignet sich das Mysterium von neuem: Bei seinem Anblick rufen die Leute aus »ein Topolino!« Der Volksmund hat seine Sprache wiedergefunden. Ich hörte noch keinen rufen: »ein neuer 500«.

Ich lasse die Augen der Betrachter ein Weilchen leuchten, bevor ich ihnen verrate, daß sie in der nächsten Halle vom echten Topolino und seinem einzig legitimen Nachfolger, dem 500 C (Hamster) erwartet werden. Da ist die Freude dann groß.

Ich bin mir des automobil-historischen Fehlers durchaus bewußt, den ich begehe, wenn ich den Panda nun wie einen Topolino-Nachfolger abhandle. Das ist er nicht. Eher wandelt er auf den Spuren der nächstgrößeren Kleinen, dem 600 und dem 850, aber die Panda-Werber haben es zuwege gebracht, daß man das Bärchen

„Pralinen? Strümpfe? Ein Buch? Ein neuer Schnellkochtopf? Seife? Aber Liebling, wir wollten uns doch dieses Jahr nichts schenken."

Fiat Panda. Die tolle Kiste.

Alle Jahre wieder stehen Millionen Männer vor der Frage, was schenke ich dieses Jahr meiner Frau? Etwas Praktisches? Etwas Schönes? Oder etwas zum Anziehen? Am besten alles in einem. Einen echten Panda Plus. Er ist praktisch, weil sein Aschenbecher stufenlos verschiebbar ist. Er ist schön, denn sein Tankdeckel wurde von einem berühmten Designer entworfen, und er ist etwas zum Anziehen, für bis zu fünf Personen gleichzeitig. Außerdem schenkt Ihnen der Finanzminister trotz Steuerreform auch noch etwas dazu (hurtig, hurtig!). Ab 1.1.88 1/3 weniger). Denn er ist bedingt schadstoffarm nach Stufe C, der Panda – nicht der Finanzminister. Übrigens macht es auch riesig Freude, wenn man sich den Panda selbst schenkt.

GESCHENKGUTSCHEIN FÜR EINEN FIAT PANDA
Liebe............................,
leider habe ich es nicht mehr zum Fiat Händler geschafft. Und eigentlich wollten wir uns ja auch nichts schenken. Ist auch nur was Kleines. Einlösbar bei Deinem Schnurzel.

Nachdem ein italienischer Automobilhersteller mit einer berühmt-berüchtigten Werbekampagne bei der breiten Bevölkerung nur bescheidene Erfolge erzielte – nun ein neuer Reklametrick.

Fiat Panda. Die tolle Kiste.

Wie kann man die Herzen einer großen Zielgruppe besser erobern, und was drückt die emsige und bescheidene Haltung des Panda besser aus als: der stets lächelnde und bescheidene Gartenzwerg. Der Panda könnte, so die ausgefuchsten Werbepsychologen, Aufsteiger des Jahres werden. Durch seinen extremen Zwergwuchs, 341 cm, verkürzt er die samstägliche Autowäsche um 1/2 Stunde und gibt durch seinen bleifreien und schadstoffarmen Motor nicht nur der Hausfrau ein gutes Gewissen.

Fiat Panda 750 L
764 ccm, 25 kW/34 PS

Fiat Panda 1000 CL
986 ccm, 32 kW/44 PS

Fiat Panda 4 x 4
986 ccm, 32 kW/44 PS

aus der Kiste lugen sieht und es spontan der Mäusefamilie zurechnet.

Es liegt an der Sympathie-Werbung, die es so seit Mäusezeiten bei Fiat nicht mehr gegeben hat.

Im Grunde hatten die Namensgeber des Panda gar nicht so schiefgelegen, als sie aus ihrem neuen Kleinen ein Bärchen machten, nur hatten sie es versäumt, ihn auch so aussehen zu lassen. Und da preßt der Volksmund die Lippen zusammen, beißt sich eher auf die Zunge – und schweigt.

Das mögen die Panda-Werber gespürt haben, längst wissend, daß man eine Ente nicht Monp'tit nennen darf. Glaubwürdig muß ein Kosename schon sein.

Ich habe, bevor ich begann, diese Geschichte zu schreiben, bewußt nicht bei den Panda-Werbern recherchiert. Ich will gar nicht wissen, wie es zuging, als sie das Bärchen in die Kiste steckten.

Kann ich denn sicher sein, die reine Wahrheit zu erfahren? Wird sie nicht längst der Legendenbildung zum Opfer gefallen sein?

Ich fabuliere lieber. Da wird einer von denen, die dazu ausersehen wurden, für dieses Auto Werbung zu machen, ausgerufen haben (vielleicht kamen ihm die Worte aber auch in Form eines Stoßseufzers über die Lippen): »Das ist ja ne dolle Kiste!«, und schon schlug im Hintergrund einer mit der flachen Hand auf den Tisch und krähte: »Das isses!« – so könnte es gewesen sein.

Nun waren sie alle froh, der Kuschel-Bärchen-Idylle entflohen zu sein, und sie begannen, die Kiste aufzumachen, so, wie man ein Faß aufmacht. Es wurde eine fröhliche, endlose Party, an der das ganze Volk teilhaben durfte.

Ob der kleine Bär aber damit einverstanden war?

Wäre er nicht gern ebenso berühmt geworden wie die kleine Maus, die sie Topolino nannten? Versteckt man ihn nicht hinter oder gar in der Kiste? Es kann so schlimm nicht sein, denn irgendwo in der Kiste sitzt auch noch das Mäuschen. Man kann diese tolle Kiste nicht betrachten, ohne an das Mäuschen zu denken, den Topolino. Da haben die Werber mal Volksmund gespielt, und es ist ihnen hervorragend gelungen.

Später einmal, vielleicht in fünfzig oder in hundert Jahren, wird sich einer, wie ich, hinsetzen und die Geschichte schreiben »Der Bär, die Kiste und die Maus«. Und die Leser werden aufhorchen. Die Kinder in der Schule aber werden, von ihrem Lehrer im Zoologie-Unterricht nach dem Panda befragt, antworten: »Das war ein kleiner Bär, putzig und ganz viereckig, und seine Vorfahren waren richtige Mäuse.«

Falls der Lehrer zufällig ein Fiat-Fahrer ist, wird er das Körnchen Wahrheit, das in der Antwort verborgen ist, erkennen und davon absehen, den Schüler am Ohr zu ziehen.

Aber – wer vermag schon zu sagen, wie es in fünfzig oder hundert Jahren sein wird?

DIE TOLLE ANZEIGEN-KISTE
KLAUS ERICH KÜSTER

Nein, es war keine stringente, logische, zielstrebige Entwicklung. Nein, es war keine gelenkte Kreativität (gibt es so was?). Es waren knapp zehn Jahre Durcheinander. Trial and Error. Stochern mit der Stange im Nebel. Zufällig paßte dann alles zusammen. Zufällig hatte der Kunde nicht genug Geld, um Doppelseiten zu schalten. Zufällig war damit die Kampagne, die schon verkauft war, weg vom Fenster. Plötzlich war die Chance da für ›Die tolle Kiste‹. Die Kampagne, die im Test auf 75 Prozent Ablehnung stieß. So ging es dann los, August 1980. Gleich die erste Anzeige – das Motiv »Biologisch betrachtet« – wurde Anzeige der Woche.

Später kam dann Bronze vom Art Directors Club, auch Gold, Silber (für die Funkwerbung), noch mal Gold, der Gold-Effie, der die Wirksamkeit der Werbung bewertet, und 1988, inzwischen im neunten Jahr, schafften wir sogar die Kampagne des Jahres. Aber, wie gesagt: geplant war es alles nicht.

16. Januar 1980

Im Zug von Turin nach Mailand. Gute Stimmung. Wir haben das Auto zum ersten Mal gefahren. Gefällt uns sehr. Das sagen wir den Italienern. Das gefällt denen sehr: jede Menge Barbaresco im *Tastevin* in Turin. Nur ich trinke Pellegrino, weil ich doch noch mal die 1500 Meter unter 4 Minuten laufen will.

Jemand sagt, piemontesisch angehaucht: »Das is 'ne

„Biologisch betrachtet", sagte der bärtige Mann im Russenkittel, „macht der hier am wenigsten Mist und bringt den größten Ertrag."

Fiat Panda. Die tolle Kiste.

Verbrauch (Super nach DIN 70030-1): 5,8 Liter bei 90 km/h, 7,5 l bei 120 km/h, 8,4 l in der Stadt. Gewicht (vollgetankt): nur 700 kg. Zulässiges Gesamtgewicht 1150 kg. Bestes Gewicht/Nutzlast-Verhältnis seiner Klasse. 5 Personen und 272 l Gepäck: alle Sitze in Normalstellung. Liegewagen: alle Lehnen flach. Kinderwagen: Rückbank in V-Form. Einkaufswagen: Rückbank vorgeklappt (s. Skizze). Lastwagen: Rückbank raus – über 1 Kubikmeter Laderaum. Ausstattung: abknöpfbare Sitzbezüge, leicht zu reinigen. Verbundglas-Frontscheibe, Heckscheibenwischer, 5 Sicherheitsgurte. Motor: 45 PS, sorgt für gut 140 km/h Spitze. Und dafür, daß nicht nur Naturfreunde den Panda riesig finden.

FIAT

tolle Kiste.« Klingt für mich wie ein Slogan. Ich schreibe ins Notizbuch ›Tolle Kiste‹. Man kann nie wissen.

Februar 1980
Natürlich wollen wir etwas Großartiges machen. Nicht das übliche Werbe-Geschwafel. Nicht die automobilen Superlativ-Bla-Blas. Es war ja eine Auto-Kampagne, weshalb ich Texter wurde: VW. Think small. Dieses Wahnsinns-Zeug aus New York. So was müßte man machen. Ganz neu. Ganz frisch.

April 1980
Wir haben uns in sechs verschiedenen Kampagnen verheddert. Favorit ist Kampagne 5:»Gesucht: Fahrer, die den Club of Rome nicht für eine neue heiße Disco halten.« Sie erinnern sich? Zweite Ölkrise. Small war plötzlich beautiful. Sie erinnern sich vielleicht auch an die Schlagzeile? Die erschien später in der ›Tollen Kiste‹-Kampagne. Plötzlich paßte der ganze Kram zusammen. Und der Riesenhaufen Ideen, der in den anderen Ansätzen steckte, kam in die kreative Wiederaufbearbeitungsanlage.

Mai 1980
Der Kunde kauft die ›Gesucht‹-Kampagne. Die ›Tolle Kiste‹ soll erst nach der Einführung folgen. Leichte Enttäuschung.

Juni 1980
Das Budget ist nur noch halb so groß. Wir haben keine

Gesucht, Fahrer, die den Club of Rome nicht für eine neue, heiße Disco halten.

Fiat Panda. Die tolle Kiste.

Der Fiat Panda 45: Fünfsitzer (1), Doppelbett (2), Kinderwiege (3), Lastwagen (4) mit 1088 Liter Fassungsvermögen. Grund: 7fach verstellbare Rückbank. Verbundglas-Frontscheibe, heizbare Heckscheibe, 3 große Ablagefächer, 4 Ausstellfenster, 5 Sicherheitsgurte, 6 Jahre Gewährleistung gegen Durchrostungsschäden, 33 kW/45 PS, Spitze 140 km/h. Verbrauch 5,8 Liter Super bei 90 km/h, 7,5 bei 120 km/h, 8,4 im Stadtzyklus (Vergleichswerte nach DIN 70030-1). Für alle, die ihren Kopf nicht in den Ölsand stecken.

Doppelseite. Die ›Tolle Kiste‹ funktioniert hervorragend auf $^1/_1$-Seiten. Dem Rotstift sei Dank.

Juli 1980

Test. Die Kampagne fällt durch. 75 % halten das für Blödsinn. 25 % finden sie toll. Der Werbeleiter, Hans-Joachim Richter, zeigt Scharfsinn und Mut: »Bei 2,5 % Marktanteil sind 25 % heftige Zustimmung ja nicht schlecht. Wir machen weiter.« Langsam ausatmen. Die erste Reinzeichnung geht raus.

Sommer 1982

Das Motiv, an dem wir am längsten geknobelt haben, sieht eigentlich ganz harmlos aus: »Es kam der Abend, wo er ihr zeigen wollte, womit sein Vater jede Menge Kies machte. Sie jedoch wollte endlich wissen, wie die umklappbare Rückbank funktioniert.« Punkt. Ende.

Wir haben genau 64 Vorschläge zum Kunden getragen. 63mal sagte Hans-Joachim Richter: »Nicht schlecht. Aber ihr könnt besser.« Danke für die Blumen. Hinter jedem Vorschlag, der nach Heilbronn ging, steckten rund 40 Versuche. Macht 2.400 Schlagzeilen – um einen zu verkaufen!

Ganz zum Schluß war es wie bei Robert Musil. Der beschreibt im *Mann ohne Eigenschaften* das Gefühl, das einer hat, wenn er eine Idee hat: das sei wie bei einem Hund, der mit einem langen Stock im Maul durch die Tür zu kommen versucht. Er knurrt und drängt – die Tür ist zu schmal. Nachdenklich dreht er den Kopf – plötzlich flutscht er durch. Heute, knapp zehn Jahre später, sind wir um die 200mal durchgeflutscht. Wow!

Es kam der Abend, wo er ihr zeigen wollte, womit sein Vater jede Menge Kies machte. Sie jedoch wollte endlich wissen, wie die umklappbare Rückbank funktionierte.

Fiat Panda. Die tolle Kiste.

Vorder- und Rücksitzlehnen umgeklappt: das Doppelbett (1). Alle Sitze, als wäre nichts gewesen: der Fünfsitzer (2). Rückbank V-förmig: die Kinderwiege (3). Rückbank raus: der Lastwagen, 1088 Liter Laderaum (4). Stoffbezüge, Teppichboden, 3 große Ablagefächer. Auch außen praktisch: Kunststoffschutzschilde, Flankenschutz, 6 Jahre Gewährleistung gegen Durchrostungsschäden. Verbundglas-Frontscheibe, heizbare Heckscheibe. Im Fiat Panda 45: 33 kW/45 PS-Motor, Spitze ca. 140 km/h. Genügsam: 5,8/7, 5/8,4 Liter Super bei 90/120/Stadt (DIN 70030-1). Damit auch Leute ohne Kies ihren Spaß haben.

6. Dezember 1983
Wir haben es sozusagen amtlich: Die *Zentrale zur Bekämpfung des unlauteren Wettbewerbs e. V.* attestiert uns Humor! Zitat: »Vergleicht man beide Werbungen miteinander, so kommt man zu dem Ergebnis, daß hier von Fiat mit den gleichen Mitteln, wie sie die Bundesbahn benutzt hat, geantwortet worden ist, wobei in der Fiat-Anzeige der Mangel an Ernstlichkeit des Vergleiches noch stärker hervortritt als in der Anzeige der Bundesbahn. Eigentlich ist in der Anzeige der Firma Fiat lediglich die Werbung der Bundesbahn ad absurdum geführt worden, indem die Werbung der Bundesbahn wörtlich genommen worden ist. Das Ganze erfolgte dabei in einer humorvollen, die Bundesbahn keineswegs herabsetzenden Art und Weise, sondern dem Leser wird lediglich klargemacht, daß hier Äpfel mit Birnen verglichen worden sind, denn ein Zweitwagen hat andere Aufgaben zu bewältigen als eine Bundesbahnlok.«

O ja!

Die Herren von der Bundesbahndirektion sind sehr geschickt: Es gibt keine einstweilige Verfügung, sondern sechs Freikarten erster Klasse zur Fasnacht in Basel. Wir sind eine Woche arbeitsunfähig.

Mai 1985
Die Kampagne hat viel Neugeschäft produziert. Aber auch Geschäft verhindert. Nie werden wir einen Fertighaus-Etat bekommen. Auch die Dünnsäure-Verklappung stößt manchem bitter auf. Protest gab es auch wegen der Currywurst. Kurt Tucholsky: »Wenn einer in Deutschland einen Witz erzählt, sitzt halb Deutschland auf der Couch

Das italienische Auto, das mehr Konservierungsmittel enthält als eine deutsche Currywurst.

Fiat Panda. Die tolle Kiste.

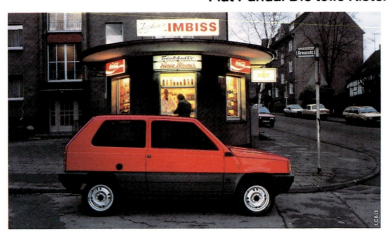

Die Currywurst enthält bloß Phosphate und Nitrite. Der Panda wird mit Phosphatierung, Elektro-Tauchbadgrundierung, Vorlack, Decklack, Cryla-Gard-Hohlraumversiegelung und PVC-Unterbodenschutz hergestellt. Dieses Manko an Konservierung zwingt bei der Currywurst zum sofortigen Verzehr, während der Panda über lange Jahre hinweg genossen werden kann. Extras wie Pommes, Majo, Cola sind bei der Currywurst aufpreispflichtig. Der Panda wird ab Werk mit 7fach verstellbarer Rückbank, heizbarer Heckscheibe mit Wischer/Wascher, Scheibenbremsen vorne, Nebelleuchte hinten etc. serviert. Zudem ist die Portion Panda 45 (DM 9.850,– unverbindliche Preisempfehlung ab Kippenheim/Baden) leicht zu verdauen. Buon appetito.

und nimmt übel.« Wir hatten keine Theorie über die Werbung, als wir die Werbung machten. Doch, vielleicht eine: Es ist auf jeden Fall besser, Ihre (also des Kunden) Werbung ist so interessant, daß die Leute zurückblättern und zweimal lesen. Ist Ihre Werbung das nicht, schmeißen Sie Geld zum Fenster raus. Die Zeiten, wo man mit dem Holzhammer auf die Fontanelle klopfte, in der Hoffnung, das Stammhirn bis ins Mark zu erschüttern, sind – ja, was? Leider nicht vorbei. Der berühmteste lebende Werber der Welt – David Ogilvy – hat gesagt:
1. You cannot save souls in an empty church.
2. You cannot bore people into buying your product.
Der Mann ist reich. Man kann ihm glauben. Von David Ogilvy bekomme ich auch einen Brief: »Dear Klaus Erich, there have been so many imitations of my famous Rolls Royce ad, that I wonder that you take part in this silly procession.«

Das geht unter die Haut. Wir haben die ›Omi‹-Anzeige mit dem schnarchenden Kanarienvogel als Verbeugung gemeint, nicht als Tritt vor das Schienbein. Je vous demande pardon.

November 1988

Zum ersten – und bisher einzigen – Mal kommt es zur öffentlichen Lesung einer Anzeige im Deutschen Bundestag. Vortragender: Oppositionsführer Hans-Jochen Vogel. Thema: Steuerreform. Dauer des Vortrags: 1 Minute 43 Sekunden. Geldwerter Vorteil für den Kunden: 373 000 DM. Soviel hätte Fiat zahlen müssen, um entsprechende Sendezeit zu ergattern. Kunden rufen an, Telefone sind blockiert, Radiosender rufen an, morgens um 8.39 Uhr (!) und wollen ein Interview. Ich bin am Schreibtisch. Dieser Vorgang erinnert ein bißchen an den Witz, der bei uns in der Agentur kursiert. Sagt der Grafiker: »Gehen wir mal davon aus, daß der Text nicht gelesen wird.« Sagt der Texter: »Doch, wir lesen alles vor.«

Dezember 1988
Die Panda-Kampagne wird ›Kampagne des Jahres‹.

1989
Die Panda-Kampagne läuft zehn Jahre in Illustrierten. Dann, endlich, gelingt es uns, einen Film zu verkaufen. Der läuft so ähnlich wie die neueste Anzeige ›Weihnachten‹. Und er läuft in vielen Kinos. Vor Weihnachten.

1990
Die Panda-Kampagne geht ins zweite Jahrzehnt.

„Das lauteste Geräusch bei 100 km/h war das Schnarchen von Omas Kanarienvogel."

Fiat Panda. Die tolle Kiste.

33 kW/45 PS (DIN) und 140 km/h Spitze bringt der neue Panda Super. Die sind jetzt leichter zu überhören (5) durch 5 Gänge (4) und bessere Schallisolierung. Außerdem serienmäßig: Polstersitze, getönte Scheiben, neues Heizungs- und Lüftungssystem (3), Heckscheibenwisch/-waschanlage (2), innenverstellbarer Außenspiegel, 7fach verstellbare Rückbank, PVC-Unterbodenschutz, Hohlräume behandelt u.a.m. Günstige Finanzierung und Leasing durch die Fiat Kredit Bank. Eben super. Apropos Super (1): 4,8/6,7/7,1 Liter Super auf 100 km bei 90/120 km/h/Stadtverkehr (Vergleichswerte nach DIN 70030-1). Oma anpumpen überflüssig.

Neu: 1 2 3 4 5

PANDA BEISST BAHN

MATTHIAS KERSTEN

Daß über Autos nicht unbedingt nur Blech geschrieben werden muß, zeigt seit Jahr und Tag die vergnügliche Werbekampagne für den Panda, die sich standhaft dagegen wehrt, Rost anzusetzen. In fetten Vierfarb-Hochglanz-Anzeigen poliert sie unentwegt das Image von Fiat auf. Sie kommt dabei sogar ohne das geliebte Fachchinesisch der Automobilindustrie aus. Oder haben Sie sich nicht auch schon mal gefragt, was ein ›negativer Lenkrollradius‹ ist? Nein? Macht auch nichts. Die blecherne Sparbüchse aus dem Land, wo die Zitronen blühen, hat andere Argumente. Ihre Existenzberechtigung leitet sie direkt aus der Brieftasche ab. Mit der wachsenden Gier orientalischer Burnusträger und den mit ihnen konkurrierenden Ölgesellschaften wuchs auf jeden Fall die Anhängerschaft des Panda proportional.

Sinnigerweise bekam dieser Kleinwagen den Namen einer vom Aussterben bedrohten Bärenart aus den Regionen, die Marco Polo für Italien und das übrige Europa entdeckt hat.

Apropos Polo. Stellen Sie sich einmal das Dilemma vor, in das VW gestürzt wäre, wenn Wolfsburg und nicht Turin den Panda gebaut hätte. Damals hieß nämlich das VW-Spitzenmodell Scirocco, eins drunter wehte der Passat. Wie hätte dann wohl der kleinste aller Winde heißen müssen. Schlimmes wäre zu befürchten gewesen.

Aber zurück zum drolligen Panda und seiner Kobolz schlagenden Werbung, über die jetzt in einem besonderen Zusammenhang berichtet werden soll.

Daß der Panda gar nicht so gemütlich ist ... nein, nein, Gott bewahre, die Rede ist nicht von seinen extrem ökonomischen Innenmaßen (zwei Mann auf der ergonomischen Rückbank heißt, vier Knie im Kreuz und einen Koffer zu Hause lassen), das wissen nicht nur Menschen, die vom leibhaftigen Bären gebissen wurden, das durfte auch die Bahn erfahren, die ahnungslos diese kleine, aggressive Kiste durch eine ihrer Veröffentlichungen aufs äußerste gereizt hatte. Stein des Anstoßes war eine Anzeige, in der sich die Bahn – nicht unbedingt ohne Hintergedanken – als Zweitwagen fürs Reisen empfahl.

NA ENDLICH, DER ZWEITWAGEN, DEN MAN SICH LEISTEN KANN.

Die Bahn

Das war des Guten zuviel. Da fühlte sich der Panda in seiner Ehre als Zweitwagen gekränkt und witterte einen Einbruch in sein ureigenes Revier. Flugs beauftragte er seine höchst willige und intelligente Werbeagentur, Zähne und Krallen an dem vorlauten Okkupator zu erproben.

„Liebe Bundesbahndirektion! Ich habe Ihr Fahrzeug eine Woche probegefahren. Ein Fiat Panda als Zweitwagen ist mir ehrlich gesagt lieber."

Fiat Panda Super. Die tolle Kiste.

Zunächst wirkt der Panda 45 untermotorisiert (33 kW/45 PS zu 7440 kW/10100 DIN-PS). Für 0–100 km/h genügen ihm aber eine grüne Ampel und 18,5 Sekunden. Die E-103 braucht einen Bahnhofsvorstand, das Freisignal und knapp 71 Sekunden. Im Panda bestimmt der Fahrer Strecke, Haltestellen, Abfahrt und Ankunft. Für die E-103 ist das im Fahrplan festgelegt. Die E-103 braucht einen Bahnhof zum Parken, der Panda (3,38 m kurz) eine 3,50-m-Parklücke. Der Panda befördert mit 5 Personen 378 weniger als die E-103 (mit 7 Waggons), kann dafür allen einen Fensterplatz garantieren. Achtung: bei Bedarf Sonder-Probefahrten für Bundesbahnangehörige!

Diese Anzeige der Bahn brachte uns auf eine Idee... (siehe oben).

Klaus Erich Küster, der zum Vollstrecker dieses Unterfangens auserkoren wurde, ließ sich nicht zweimal bitten. Er ließ den Panda auf die Bahn los. Natürlich nicht ohne Humor. Mit List und Tücke jonglierte er die Intercity-Lok in eine der rar gewordenen Parklücken der Frankfurter Innenstadt und demonstrierte zu Recht, daß dieses Fahrzeug nur unter großen Mühen einzuparken ist. Nur kleinliche Gemüter hätten dabei auszusetzen gehabt, daß der Intercity nicht innerstädtisch, sondern wie der Name schon vermuten läßt, über Land verkehrt.

Doch so ist sie nun einmal, die Werbung, mehr den Emotionen als der Ratio verpflichtet. Vergnüglich war die Anzeige allemal. Für die, die sie sahen. Für die, die sie bezahlt hatten. Und ganz bestimmt für Klaus Erich Küster, der sie sich ausgedacht hatte.

Da stand sie nun im *Spiegel*. Ein Mahnmal für alle, sich nicht mit dem bissigen Panda anzulegen. Das war ein gefundenes Fressen für den *Spiegel*, der nun seinerseits, in der ihm eigenen Art, beherzt mit einem Artikel nachfaßte und seinen Inserenten Panda hochleben ließ.

Einem Ondit zufolge erfüllte ein tiefes Gefühl der Befriedigung die Automobilindustrie, der der Vergleich Straße-Schiene schon lange ein Dorn im Fleische gewesen war. So weit, so gut. Nun ist es jedoch an der Zeit und ein Gebot der Fairneß, noch ein paar weitere Worte über das zu verlieren, was weiter passierte. Schließlich konnten die Bahner das nicht auf sich sitzen lassen. Aber um chronologisch und wahrheitsgemäß über den Lauf der Dinge zu berichten, soll nicht unerwähnt bleiben, daß sich, ob der massiven Reaktion auf die eigene Anzeige, erst einmal Verblüffung in dem Lager der Schiene breitmachte.

Dem Erstaunen folgte jedoch schnell eine klammheimliche Freude darüber, daß vom europäischen Autoriesen Fiat der vergleichsweise werbemäßig viel kleineren Intercitywerbung soviel Aufmerksamkeit entgegengebracht wurde. Dann entschloß man sich, mit einem äußerst penibel zugespitzten Bleistift 9000 HB gezielt zum Gegenstoß auszuholen. Als erstes benötigte man einen deutlich gebrauchten Panda. Delikaterweise wählte man den des für den *Spiegel*-Artikel verantwortlichen Redakteurs, stellte ihn auf einen Autoreisezug und bemerkte lakonisch: »Wir befördern auch sperriges Reisegepäck.«

Jetzt ging der Zauber erst richtig los. Überall griff die nun munter gewordene Presse begeistert dieses harmlos ironische Werbe-Scharmützel auf und machte so zur Freude beider Kontrahenten unbezahlte PR. Unter dem Strich blieb übrig: Die Werbewirkung der Anzeigen für beide Firmen hatte sich erheblich vervielfacht. Eine große Lesergemeinschaft nahm sympathisierend interessiert Anteil. Und die im allgemeinen recht dröge Werbung in

Deutschland bekam einen Präzedenzfall, daß sie längst nicht so langweilig sein muß, wie sie es bis dahin meistens war.

Wer jetzt glaubt, daß dieses nur schlau geplant war, sollte sich keinen Bären aufbinden lassen. Alles war purer Zufall und in keiner Weise abgesprochen. Es handelte sich einfach um das glückliche Aufeinandertreffen zweier toleranter Auftraggeber, die beide gelernt hatten, daß Sympathien für ein Auto oder eine Dienstleistung nicht unbedingt dadurch entstehen, daß vollmundig ein hohes Lied auf die eigene Ware angestimmt wird, sondern daß es gerade die kleinen menschlichen Schwächen sind, die darüber entscheiden, ob man gemocht wird oder nicht.

So sah das dann auch die Presse, die 1983 beim »Kontakter-Wettbewerb Anzeige/Kampagne des Jahres« sowohl die Fiat-Kampagne als auch die Bundesbahn-Anzeige auf den ersten Platz setzte. Ein Happy-End wie im Märchen.

Da jedoch noch keiner von den Beteiligten gestorben ist, läßt sich – im Gegensatz zum Märchen – der Wahrheitsgehalt dieser Geschichte bis auf den heutigen Tag nachprüfen.

Höchst beunruhigend für die, die heute noch mit langweiliger Werbung die Menschheit anöden, jene, die mit erhobenem Zeigefinger und sauertöpfischer Miene predigen: Alles ist zweckgebunden, und Werbung soll beileibe nicht wagen, unterhaltsam zu sein, sondern gefälligst anständig verkaufen. Das ist nur die halbe Wahrheit. Anders erfolgreich zu sein, dafür haben Fiat und Bahn den Gegenbeweis angetreten. Aber gegen Gesinnung, die praktischerweise von der Verpflichtung zum Denken enthebt, ist schwer zu argumentieren. Eher nagelt man einen Pudding an die Wand.

DIE WERBEKAMPAGNE, DIE DEM PANDA BEINE MACHTE

PETER PRANGE

Die Katastrophe war perfekt! Hans-Joachim Richter, Werbeleiter der Fiat Automobil AG, starrte schockiert auf das Ergebnis einer Meinungsumfrage, das ihm soeben auf den Schreibtisch geflattert war. Ein brutales, ein vernichtendes Ergebnis! 75 Prozent der Befragten hatten zu der von ihm geplanten Anzeigenserie die Meinung geäußert, das sei keine Autowerbung, sondern dummes Zeug, alberner Quatsch, heller Blödsinn... Das Volk hatte gesprochen: Die neue, großartige, einmalige Kampagne war durchgefallen! Mit Pauken und Trompeten!

Die Verantwortung für das Desaster trug Klaus Erich Küster, Geschäftsführer Kreation bei der Frankfurter Werbeagentur Michael Conrad & Leo Burnett, die seit zwei Jahren für Fiat tätig war. Er hatte sich die neue, großartige, einmalige Kampagne einfallen lassen, zusammen mit dem Art Director Heinrich Hoffmann und dem Texter Ulrich Tekniepe. Was zum Teufel hatten die sich bloß dabei gedacht?

Oh, eine Menge! Immerhin stand einiges auf dem Spiel. Es ging nicht nur darum, einen neuen Kleinwagen von Fiat in Deutschland einzuführen, der das Erbe von so berühmten und erfolgreichen Modellen wie dem Topolino und dem Cinquecento antreten sollte. Allein das wäre Aufgabe genug gewesen, galt doch der bundesdeutsche Automarkt schon damals als der schwierigste der Welt, besonders im Segment der Kleinen, in dem seit Eindringen der Japaner ein unerbittlicher Verdrängungswettbewerb herrschte. Damit aber nicht genug, sollte der Neue auch noch das Image und die Position der Marke Fiat insgesamt stärken. Denn während die Turiner 1975 noch 15 Prozent aller Autos der Kleinwagenklasse bis 1000 ccm produziert hatten, waren es 1979 nur noch ganze 7,8 Prozent gewesen. Und im Gesamtmarkt hatte sich der Anteil von Fiat in wenigen Jahren nahezu halbiert.

Alle diese Probleme sollte nun ein kleines, unscheinbares Auto lösen, das nach Meinung von Motorjournalisten nichts, aber auch gar nichts Erfolgversprechendes hatte: ein schlichter, ecklger Mini, der aussah wie ein Schuhkarton auf vier Rädern. Sein c_w-Wert war von vorne so günstig wie von hinten, mit seinen 34 PS schaffte er eine Höchstgeschwindigkeit von gerade 125 km/h, und die Ausstattung gipfelte in einem verschiebbaren Aschenbecher. Eins stand von vornherein fest: Mit herkömmlicher Autowerbung, mit futurologischen High-Tech-Phrasen oder prestige-orientierten Komfort-Sprüchen war da nichts zu machen.

Ein wenig ratlos betrachteten die Kreativen von Michael Conrad & Leo Burnett das kantige Ding, das da in ihrem Hof stand – ohne zu sehen, was sie vor Augen hatten. Gute Ideen sind oft wie Tapetentüren: niemand nimmt sie wahr, bis sie plötzlich aufgehen... Man mußte den Blickwinkel wechseln, um die Vorteile dieses seltsamen Gefährts zu erkennen, nicht so sehr auf den Wagen selber schauen, sondern auf die Menschen, für die er in Frage kam. Menschen, die zum Auto ein eher distanziertes Verhältnis haben. Menschen, die sich nicht um Prestige und Konventionen kümmern, dafür aber um Benzinpreise und Umweltprobleme. Menschen, die

selbstbewußt genug sind, selbst zu denken, anstatt unkritisch den Normen der Mehrheit zu folgen...
Und siehe da: auf einmal entpuppte sich der unscheinbare Kleine als eine höchst eigenwillige Persönlichkeit! Das war kein eindimensionaler Typ, sondern ein ebenso intelligentes wie ehrliches und sparsames Auto, ein bißchen verrückt, vielleicht sogar mit ein paar Macken, auf jeden Fall aber erfrischend frech und unkonventionell. Diese Persönlichkeit galt es nun in der Werbung sichtbar zu machen. Dabei wurden Küster und sein Team ausgerechnet dort fündig, wo sich der Mini herbe Kritik eingehandelt hatte – bei seinem Äußeren. »Fiat Panda. Die tolle Kiste« lautete der Slogan. Die Werbe-Botschaften wurden in einer neuartigen Headline-Technik verpackt, in Kurzgeschichten von ein, zwei Sätzen, und mit Fotos illustriert, die zum Teil wie selbst geschossen aussahen. Intelligent, ehrlich und ein bißchen verrückt. Eine neue, großartige, einmalige Kampagne war geboren...

Ja, man hatte sich eine ganze Menge gedacht. Doch jetzt, da das Ergebnis der Meinungsumfrage vorlag, war alles vergebens! Ein halbes Jahr Arbeit, eine aufwendige Präsentation, eine teure Marktanalyse... War es das wirklich? Hans-Joachim Richter erinnerte sich an einen ähnlichen Fall. Hatte das befragte Volk in den fünfziger Jahren nicht auch entsetzt reagiert, als in den USA ein Käfer namens Herbie mit witzigen Sprüchen durch die Anzeigen krabbelte, um für VW zu werben? Richter nahm noch einmal die Zahlen zur Hand. Man konnte sie so oder so lesen. Wenn 75 Prozent die Anzeigen albern fanden, dann fanden immerhin 25 Prozent sie gut... Das war doch schon etwas! Und bestätigte das miserable Votum, die massive Ablehnung durch die Käufer-Mehrheit, nicht vielleicht sogar den richtigen Denkansatz? Die konsequente Minderheiten-Konzeption, Menschen anzusprechen, deren Selbstbild dem eines durchschnittlichen Autofahrers konträr zuwiderlief? Richter wußte selbst nicht genau warum – er glaubte einfach nicht mehr an die bierernste Autowerbung. Die Leute sollten Spaß an der Sache haben... Allen Mehrheiten zum Trotz gab er die Kampagne in Auftrag.

Für die Kreativen von Michael Conrad & Leo Burnett begann eine harte Zeit. Zahllose Themen wurden gesichtet, abgeklopft, verworfen. Ideen entwickelt, überarbeitet, verbessert. Vertreter aller möglichen Berufe und Gruppen – Oberförster und Tankwarte, Mittelstürmer und Stationsärzte – rückten den Panda in immer neue Perspektiven. Bis die richtige Mischung, die richtige Kombination von Wort und Bild gefunden war.

Dann aber paßte alles zusammen, und die Ideen sprudelten nur so. Freche Texte und unkomplizierte Bilder erzählten Kurzgeschichten, brühwürfelartig komprimiert, rund um die tolle Kiste aus Turin: dummes Zeug, albernen Quatsch, hellen Blödsinn. »Neues aus der Gen-Technik: Die Kreuzung zwischen Sparschwein und Ottomotor ist gelungen!« – »Als der Scheidungsrichter ihm den Achtzylinder zusprach, fiel ihr ein Stein vom Herzen.« – »Gesucht, Fahrer, die den Club of Rome nicht für eine neue, heiße Disco halten.« Diese Art von Blödsinn war jedoch nicht ohne Hintersinn. Hinter jedem Witz verbarg sich eine handfeste Aussage. »Für alle, die keine eigene Ölquelle haben. Fiat Panda. Der Normal-Verbraucher.«

Schon bald hatte die Kampagne ihre feste Lesergemeinde. Nicht zuletzt, weil man immer wieder gezielt ins

Nach der Steuerreform spart ein nicht ganz durchschnittlicher Angestellter mit einem Jahreseinkommen von 220.000 Mark jedes Jahr einen Panda.

Fiat Panda. Die tolle Kiste.

Natürlich lassen sich die leicht verdienten 10.000,– Mark auch anders anlegen. Aber ein Panda 750 L Plus ist bis zu 125 km/h schneller als jede Aktie. Bietet mit 341 cm Außenlänge mehr Platz als ein Nerzmantel und hat serienmäßig mehr Extras als die teuerste Uhr: Scheibenbremsen vorne, Drehstrom-Lichtmaschine, Tankanzeige, eine Heizung etc. Rechnet man die reduzierte Kirchensteuer (Gott vergelt's) hinzu, kommen Sie mit dem Panda noch ca. 20.000 km weit bei konstant 90 km/h (nach DIN 70030-1). Weiter als mit jedem antiken Perserteppich. Für alle, die durch die Steuerreform weniger oder nichts sparen, hat die Fiat Kredit Bank ein besonderes Angebot (siehe unten).
Finanzierungsangebot für alle Pandas:

 999 Mark Anzahlung, 3,9 % effektiver Jahreszins  bei bis zu 36 Monaten Laufzeit.

Fettnäpfchen trat, mit einem kleinen Skandal für die gehörige Aufmerksamkeit sorgte. »Liebe Bundesbahndirektion!« stand über einem Foto, das eine riesige Lokomotive in einer viel zu engen Parklücke zeigte. »Ich habe Ihr Fahrzeug probegefahren. Ein Fiat Panda als Zweitwagen ist mir ehrlich gesagt lieber.« Der daraus folgende Werbe-Wettstreit mit der Bundesbahn ging durch den gesamten deutschen Blätterwald. Und im November 1988 sorgte die tolle Kiste sogar im deutschen Bundestag für Furore. In einer hitzigen Debatte über die Finanzpolitik der Regierung zitierte Oppositionsführer Hans-Jochen Vogel weder Karl Marx noch die Gesetze der Marktwirtschaft – sondern eine Anzeige der Fiat Automobil AG: »Nach der Steuerreform spart ein nicht ganz durchschnittlicher Angestellter mit einem Jahreseinkommen von 220.000 Mark jedes Jahr einen Panda.« Das Parlament tobte, die Regierung war erschüttert. Und bei Fiat lachte man sich ins Fäustchen... Ihr Kleiner saß nun in der ersten Reihe: bei ARD und ZDF.

Die Panda-Kampagne erregte nicht nur die Aufmerksamkeit des staunenden, sondern auch des zahlenden Publikums. Nach zunächst zögerndem Start stiegen seit Anfang 1981 die Zulassungszahlen, und bereits in den ersten neun Monaten 1982 entwickelte sich der Panda zum meistverkauften Ausländer in der kleinen Klasse. Trotz eines für die Branche geringen Werbe-Etats von weniger als vier Millionen Mark hatten die Kreativen von Michael Conrad & Leo Burnett die ›tolle Kiste‹ zum Verkaufsschlager gemacht. Gleichzeitig trug der Erfolg des Panda zur Belebung der Marke Fiat in Deutschland bei und verhalf den Turinern zur Position Nr. 1 unter den Auto-Importeuren. Die Konzeption war aufgegangen. Eine kritische Minderheit unter den Käufern hatte ein

Umdenken der Mehrheit ausgelöst. Mehr konnte man von einem Schuhkarton auf Rädern nicht verlangen.

Die Panda-Kampagne geht nun ins zweite Jahrzehnt, überhäuft von Preisen und Ehrungen. Gleich die erste Annonce – »Biologisch betrachtet« – wurde als »Anzeige der Woche« ausgezeichnet. Später kam Gold für Kreativität vom Art Directors Club sowie der Gold-Effie vom Gesamtverband der Werbeagenturen GWA für die Wirksamkeit der Kampagne hinzu, die im Dezember 1988 außerdem zur »Kampagne des Jahres« gekürt wurde. Ehre, wem Ehre gebührt!

AVANTI! AVANTI!
PETER PRANGE

Mailand, 4. September 1927. Ein tiefblauer Himmel wölbt sich über der Stadt, die wie ausgestorben in der Hitze brütet. Draußen aber in Monza, am neu erbauten Autodrom, ist die Hölle los. Hier wird der Große Preis entschieden! Tausende von Menschen belagern die Rennstrecke: Adlige und Bauern, Fabrikarbeiter und Priester, Familien von der Urgroßmutter bis zum Säugling...
Die Luft ist erfüllt vom dröhnenden Lärm der Motoren. Es duftet nach Schmieröl und Gummireifen. Runde um Runde ziehen sie ihre Bahn, die Alfa Romeos und Lancias, die Talbots und Sunbeams, die Bugattis und Fiats...
Ja, Fiat ist wieder dabei! Nach vier Jahren Verzicht auf den Motorsport haben die Turiner wieder einen Wagen ins Rennen geschickt! Und was für einen Wagen... Den brandneuen 806, ein wahres Wunderwerk der Technik. Unter den Experten an der Strecke – und davon gibt es fast ebenso viele wie Zuschauer – flüstert man andächtig die Daten: 187 PS, 8500 Umdrehungen pro Minute, 245 km/h Höchstgeschwindigkeit...
Plötzlich geht ein Aufschrei durch die Menge. Die Boliden schießen auf die Zielgerade – zum allerletzten Mal! Nicht einen Menschen hält es mehr auf seinem Platz. Selbst die Eisverkäufer vergessen das Geschäft und verfolgen mit angehaltenem Atem den Ausgang des Rennens. Alfa oder Lancia? Talbot oder Bugatti? Nein! Der Fiat rast als erster durchs Ziel – der brandneue, feuerrote 806 mit Pietro Bordino am Steuer!
Strohhüte und Sitzkissen fliegen durch die Luft, wäh-

rend der Sprecher des Autodroms die Durchschnittsgeschwindigkeit von 152,205 km/h bekanntgibt. Immer wieder winkt der Sieger der jubelnden Menge zu. Nur ein Zuschauer zeigt keinerlei Regung: Aufrecht stehend, wie ein General, der eine Parade abnimmt, blickt er mit seinen dunklen Augen auf die Piste. Dann wendet er sich ab und verläßt die Tribüne, in stoischer Gelassenheit, als habe der Ausgang des Rennens keine Sekunde in Frage gestanden. Dieser Mann aber ist niemand anders als der Gründer und leitende Direktor der Fiat-Aktiengesellschaft, der Commendatore Giovanni Agnelli.

Wenige Tage nach dieser triumphalen Rückkehr in den Motorsport verkündet Fiat den endgültigen Abschied vom Grand Prix-Geschehen. Sämtliches Material wird nach Turin gebracht. Alle Teile, alle Werkzeuge, alle Zeichnungen des Typs 806 werden eingeschmolzen, verbrannt, zerstört. Niemand kann die Entscheidung begreifen. Ist der Commendatore verrückt geworden? Nein, Agnelli hat seine Gründe. Er hat bewiesen, was er beweisen wollte: daß Fiat jederzeit in der Lage ist, jede technische Herausforderung anzunehmen und zu überbieten. Warum aber dieses unglaubliche, in der Geschichte des Automobilbaus einmalige Zerstörungswerk? Weil Agnelli die Konkurrenz zwingen will, eigene Entwicklungsarbeit zu leisten? Weil er es leid ist, daß Fiat immer wieder zum Opfer des eigenen Erfolgs wird, mißbraucht von einer ganzen Industrie als kostenloser Ideenproduzent? Vielleicht. Vor allem aber, weil er seit nun fast dreißig Jahren ein Lebensziel verfolgt, das weit anspruchsvoller ist, als auf der Rennstrecke die Konkurrenz aus dem Feld zu schlagen: beizutragen zu einer mobilen Gesellschaft der Zukunft, mit »Antriebssystemen

Neues aus der Gen-Technik: Die Kreuzung zwischen Sparschwein und Ottomotor ist gelungen!

Fiat Panda. Die tolle Kiste.

Das deutsche Sparschwein zeichnet sich durch das angeborene Talent aus, Pfennig für Pfennig in stoischer Ruhe zu sammeln. Der italienische Ottomotor hingegen zeichnet sich durch ein bissiges Wesen und enorme Lebensfreude aus. Die Kreuzung beider weist beider Vorzüge auf. Einerseits nur 5,1/–/7,5 l Normal (bleifrei) bei 90 km/h/–/Stadtverkehr (Vergleichswerte nach DIN 70 030-1), andererseits 25 kW/34 DIN-PS. Einerseits nur 9.790,– DM (unverbindliche Preisempfehlung ab Kippenheim/Baden), andererseits 125 km/h Spitze (serienmäßig eingebaute Richtgeschwindigkeit). Wie ersichtlich, gibt es diese neue Gattung in 4 verschiedenen Entwicklungsformen. „Welches Schweinderl hätten S' denn gern?" Als Erst-, Zweit- oder Drittwagen.

Super-Finanzierung. 1,9% effektiver Jahreszins, 30% Anzahlung, 30 Monate Laufzeit. Ein Angebot der Fiat Kredit Bank.

jeder Art für die Fortbewegung zu Lande, zu Wasser und in der Luft«.

Dieses Ziel, das Agnelli 1899 in der Gründungsurkunde der *Fabbrica Italiana Automobili Torino F.I.A.T* formuliert hatte, mußte vor der Jahrhundertwende geradezu phantastisch, ja absurd anmuten – erst recht in Italien, einem Agrarstaat ohne nennenswerte Industrie. Zwar hatten sich die ersten Automobile schon hierher verirrt, doch kein vernünftiger Mensch dachte damals im Traum daran, daß diese anfälligen, unkomfortablen, lärmenden und dabei sündhaft teuren Gefährte, für die man den Treibstoff literweise in Apotheken besorgen mußte, je als Massenverkehrsmittel in Frage kämen. Das Automobil war ein drolliges Spielzeug für reiche Leute, nie und nimmer aber eine Konkurrenz für Kutsche und Pferd!

Ausgerechnet der ehemalige Kavallerie-Offizier Giovanni Agnelli sollte Italien innerhalb kürzester Zeit davon überzeugen, daß den Pferdestärken aus Verbrennungsmotoren die Zukunft gehörte. Technisch selber nur ein Laie, dafür aber ein um so begabterer Organisator, Propagandist und Finanzier, brachte Agnelli das Kunststück fertig, daß schon ein halbes Jahr nach Gründung des Unternehmens der erste Fiat ausgeliefert werden konnte, ein mit 4,2 PS motorisiertes, im Aussehen noch stark an eine Kutsche erinnerndes Gefährt, das es auf eine Geschwindigkeit von immerhin 40 Stundenkilometer brachte.

Nur ein Jahr später stieg Fiat in den Motorsport ein. Durch die Rennerprobung der Fahrzeuge hoffte man, neue Erkenntnisse für die Serie zu gewinnen. Zudem versprach man sich einen erheblichen Werbeeffekt. Nichts konnte die Kundschaft stärker beeindrucken als

Siege über die renommierten Fabrikate aus Deutschland und Frankreich. Bereits beim ersten Start gewann der Fiat Corsa das Turin-Asti-Rennen. Und nur drei Monate später errangen Vincenzo Lancia und Felice Nazarro sogar einen Doppelsieg – in einem der wichtigsten Rennen der Saison! Man hatte es geschafft: die Automobile des Hauses Fiat waren ins Gespräch gekommen.

Aus den 50 Arbeitern im Jahr 1900 wurden innerhalb weniger Jahre mehrere tausend. Fiat-Rennwagen stellten Geschwindigkeitsrekorde auf; Fiat-Taxis beförderten Fahrgäste in New York, Paris und London; selbst Seine Majestät Kaiser Wilhelm II. begab sich im Fiat 69/70 HP auf Reisen. Bald schon standen außer Personenkraftwagen auch Nutzfahrzeuge und Straßenbahnen auf der Produktionsliste des Unternehmens. Antriebsaggregate für Schiffe und Flugzeuge kamen hinzu. Um eine größere Fertigungstiefe zu erreichen und sich von Zulieferern unabhängig zu machen, beschloß Agnelli, soviel wie möglich selber herzustellen. Man begann, Stahl zu gießen und Werkzeuge zu bauen. Dank dieser Unternehmenspolitik überstand Fiat nicht nur die harten Jahre zwischen 1907 und 1910, in denen die meisten der 61 italienischen Autofabriken wieder eingingen, sondern schuf zugleich die Voraussetzungen dafür, daß sich die Stadt Turin zu einem der wichtigsten Wirtschaftszentren Europas entwickeln konnte.

Seit dieser Zeit steht Fiat unangefochten an der Spitze der italienischen Automobilindustrie. Ebenfalls in dieser Zeit wurde die noch heute gültige Philosophie des Hauses fixiert: die konsequente Ausrichtung auf vernünftige Automobile zu vernünftigen Preisen. Vom Typ 509 aus dem Jahr 1925, dem ersten Großserien-Auto aus Turin, das eine völlig neue, nicht unbedingt reiche Käuferschicht erschloß, über die legendären Modelle Balilla und Topolino hat diese Philosophie immer wieder neue, den jeweiligen Erfordernissen der Zeit angepaßte Interpretationen erfahren – bis zum Uno oder Panda in unseren Tagen.

Der Commendatore Giovanni Agnelli starb im Jahre 1945. Da sein Sohn Edoardo 1935 bei einem Flugzeugabsturz ums Leben gekommen war, führte Agnellis langjähriger Mitarbeiter Professor Vittorio Valletta das Werk des Firmengründers fort. Die Herstellung aller wichtigen Zulieferungen in eigener Hand, moderne Serienproduktion und ein breites Typenangebot bestimmten weiterhin die Strategie des Hauses, mit der Fiat auch nach dem Zweiten Weltkrieg seinen Aufschwung ungebrochen fortsetzte. Rasch übertraf die Zahl der ausgelieferten Fahrzeuge die Rekordmarken der Vorkriegszeit. Zweistellige Zuwachsraten prägten die Entwicklung. 1962 hatte Fiat in Italien einen Marktanteil von fast 90 Prozent erreicht!

Neue Märkte wurden erschlossen. Ob es sich um Schiffe oder Werkzeugmaschinen handelte, um Ölbohrungen in der Adria oder Bergbahnen in den Alpen: Fiat war dabei! 1953 baute Fiat das erste italienische Düsenflugzeug. 1957 wurde die Produktion von elektronischen Bausteinen aufgenommen. Und nur wenig später stieg Fiat in die Erforschung der Kernenergie und des Weltraums ein.

Anfang der sechziger Jahre erwuchsen jedoch zugleich erste Probleme. Einzelne Unternehmensbereiche mußten abgestoßen oder umgewandelt werden. Einer der Gründe dafür war die Öffnung Europas. Einem Konzern wie Fiat, dessen vorrangige Domäne ein halbes Jahrhundert lang der nationale Markt gewesen war, fiel der Übergang zum internationalen Wettbewerb nicht leicht. Zudem stand an der Spitze des Unternehmens ein Mann, dessen patriarchalischer Führungsstil einer raschen Anpassung der Firmengruppe an die neue Konkurrenzlage nicht gerade förderlich war. 1966, im Alter von 83 Jahren, trat Valletta vom Vorstandsvorsitz zurück. Wer sollte in dieser schwierigen Zeit die Leitung des Konzerns übernehmen? An der Eignung von Giovanni Agnelli jr., dem Enkel des Firmengründers, zweifelte nicht nur der greise Valletta. Denn viele Jahre hatte ›Gianni‹ eher in den Klatschspalten der Boulevardpresse als in den Wirtschaftsteilen seriöser Zeitungen von sich reden gemacht. Doch Agnelli zögerte nicht. Er selbst entschied, wie er später erklärte, »daß ich der geeignetste Mann war«. Agnelli sollte den Beweis nicht lange schuldig bleiben. Er entsagte dem *dolce vita* und legte sein Amt als Präsident des Fußballclubs Juventus Turin nieder, um seine ganze Kraft in den Dienst des Unternehmens zu stellen. Anknüpfend an die Zielvorgabe seines Großvaters, gab er die entscheidenden Impulse in Richtung auf den Weltmarkt.

Weit über zwei Millionen Fahrzeuge produziert Fiat heute pro Jahr. Zu den konzerneigenen Automobilmarken gehören inzwischen auch die Rivalen von einst, Alfa Romeo und Lancia sowie Ferrari, Autobianchi und IVECO. Mit rund 230.000 Mitarbeitern das größte Privatunternehmen Italiens, gliedert sich der Konzern in 451 Tochtergesellschaften und 149 assoziierte Unternehmen, die in 47 Ländern der Welt und so unterschiedlichen Bereichen wie Hoch- und Tiefbau, Telekommunikation, Verlagswesen, Tourismus und Flugtechnik operieren. Gemeinsam haben sie entscheidenden Anteil an der Gestaltung der mobilen Gesellschaft unserer Zeit: zu Lande, zu Wasser und in der Luft.

DIE AUTOREN

FRED BREINERSDORFER
geboren 1946 in Mannheim. Studium der Rechtswissenschaft und Soziologie in Mainz und Tübingen. Nach Abschluß der Promotion seit 1976 als Rechtsanwalt in Stuttgart tätig.
    Neben einigen juristischen Fachbüchern ist Fred Breinersdorfer bekannt durch seine Kurzgeschichten, Dokumentar- und Kriminalromane sowie durch seine zahlreichen Drehbücher zu zeitkritischen Kriminalfilmen und einem Beitrag zur Tatort-Reihe.

FRITZ B. BUSCH
AUTOMOBIL-SCHRIFTSTELLER
als bekannter Oldtimer-Sammler besitzt er ein eigenes Museum in einem Nebengebäude des Wolfegger Schlosses (nahe Ravensburg), in dem auch der Fiat Topolino und seine Nachfolger ihr Gnadenbrot mümmeln.
    Auch in seinem Beitrag blickt Busch ›in den Rückspiegel‹ der Automobil-Geschichte, wie es dem Historiker geziemt, aber er tut dies in seiner bekannten Art als humorvoller Erzähler von Automobil-Geschichten, ohne dabei aus dem Auge zu verlieren, daß in einer Ecke der ›tollen Kiste‹ noch das Mäuschen sitzt, das sie Topolino nannten.

MICHAEL ENDE
geboren 1929 in Garmisch-Partenkirchen. Schauspielstudium bei Otto Falckenberg. War Schauspieler, später Filmkritiker, schrieb Chansons und Kabarettexte. Weithin bekannt wurde er durch seine Jugendbücher *Jim Knopf*, *Momo* und *Die unendliche Geschichte*. Schreibt auch Lyrik, Theaterstücke, Hörspiele, Film- und Fernseh-Drehbücher.
    Zahlreiche Auszeichnungen.

UWE FRIESEL
geboren 1939 in Braunschweig. Studierte Germanistik, Anglistik, Philosophie. Danach wechselnde Berufe im Literatur- und Theaterbetrieb. Heute lebt er als freier Schriftsteller und Übersetzer in Hamburg und Olevano bei Rom. Schreibt Lyrik, Erzählungen, Romane, Hörspiele, Theaterstücke. Übersetzungen aus dem Amerikanischen (u. a. Nabokov).
    Zahlreiche Auszeichnungen.

MAX VON DER GRÜN
geboren 1926 in Bayreuth. Kaufmännische Lehre. Kriegsteilnehmer. Nach Gefangenschaft Maurerlehre, dann Bergmann im Ruhrgebiet. Seit 1964 freier Schriftsteller. Lebt in Dortmund. Wurde durch Bergarbeiterromane bekannt, die auch verfilmt wurden. Schreibt Erzählungen, Romane, Filmdrehbücher. Zahlreiche Auszeichnungen.

ULLA HAHN
geboren 1946 im Sauerland. Bürolehre. Abitur auf dem zweiten Bildungsweg. Studium der Literaturwissenschaft, Geschichte und Soziologie in Köln und Hamburg. Promotion zum Dr. phil. Lehrbeauftragte an mehreren Universitäten. Kulturredakteurin bei Radio Bremen. Lebt in Hamburg. Wurde gleich mit ihrem ersten Gedichtband *Herz über Kopf* bekannt. Schreibt Essays und Lyrik. Zahlreiche Auszeichnungen.

MATTHIAS KERSTEN
geboren 1947, studierte Wirtschafts- und Sozialwissenschaften an der Johann-Wolfgang-Goethe-Universität, Frankfurt, Kommunikation in Berlin an der Hochschule für Bildende Künste. Nach dem Examen 1973 Texter und Kreativdirektor in Frankfurt, Düsseldorf, Toronto und New York. Viele national und international ausgezeichnete Kampagnen, unter anderem die für die Deutsche Bundesbahn.
    Gründet 1989 mit Partnern die Duvendack Guenther Kersten GmbH, Werbeagentur.

EPHRAIM KISHON
geboren 1924 in Budapest. Studium der Kunstgeschichte. Zwangsaufenthalte in ungarischen, deutschen und russischen Arbeitslagern. 1949 kam er nach Israel. Arbeitete als Schlosser und Kfz-Mechaniker. Publiziert seit 1952. Lebt als freier Schriftsteller in Tel Aviv. Einfallsreicher Autor humoristisch-satirischer Prosastücke. Wurde damit weltweit bekannt. Schreibt Satiren, Romane, Bühnenstücke, Hörspiele, Film- und Fernsehspieldrehbücher. Zahlreiche Auszeichnungen.